溯初致远，深谋端树百年人

主　编　林娟娟
副主编　潘玉驹

浙江工商大學出版社
ZHEJIANG GONGSHANG UNIVERSITY PRESS

图书在版编目(CIP)数据

溯初致远，深谋端树百年人 / 林娟娟主编. —杭州：浙江工商大学出版社，2015.12

ISBN 978-7-5178-1400-9

Ⅰ. ①溯… Ⅱ. ①林… Ⅲ. ①高等学校—人才培养—温州市—文集 Ⅳ. ①G649.2-53

中国版本图书馆 CIP 数据核字(2015)第 274104 号

溯初致远，深谋端树百年人

主编 林娟娟　副主编 潘玉驹

责任编辑	吴岳婷　刘　韵
责任校对	王俏华
封面设计	元石设计
责任印制	包建辉
出版发行	浙江工商大学出版社 (杭州市教工路 198 号　邮政编码 310012) (E-mail:zjgsupress@163.com) (网址:http://www.zjgsupress.com) 电话:0571-88904980,88831806(传真)
排　　版	杭州朝曦图文设计有限公司
印　　刷	虎彩印艺股份有限公司
开　　本	710mm×1000mm　1/16
印　　张	13.75
字　　数	214 千
版 印 次	2015 年 12 月第 1 版　2015 年 12 月第 1 次印刷
书　　号	ISBN 978-7-5178-1400-9
定　　价	35.00 元

浙江工商大学出版社营销部邮购电话　0571-88904970

出　品　温州大学

主　办　温州大学党委宣传部

主　编　林娟娟

副主编　潘玉驹

编　辑　董　莉　邱　哲

序

提高人才培养质量是大学的永恒主题,是中国高等教育由大到强的必由之路,也是推动学校内涵式发展、增强学校综合竞争力的题中之义,更是实现学校科学发展、办人民满意教育的根本要求。为了进一步端正教育教学思想、确立先进育人理念、立师德正师风强师能,近五年来,我校先后开展了“人才培养质量年”活动、“如何当一名好老师”大讨论等活动,在《温州大学报》开辟了“人才培养质量大家谈”“溯初致远·教育论坛”“做好老师·大家谈”等专栏,广大教师围绕提高人才培养质量主题,发表了诸多观点犀利、意蕴丰厚的言论。值“十二五”规划即将收官之际,我们将其集结出版。再次拜览,感到无比高兴与欣慰。

这是一部令人感动、令人欣喜的书。令人感动的是,从中可以深切感受到我校广大教师对学生的无比关爱,对教学的锲而不舍,以及刻苦钻研、勤于探索、诲人不倦的精神。令人欣喜的是,从中可以深深体悟到广大教师在教学中反思、在反思中求索、在求索中创新、在创新中成长的奋行历程,一幅风雨兼程、教学相长、协同育人的画卷仿佛就在眼前。而承载这一切的共同力量就是为了更好地肩负起培养高质量人才的使命。

这是一部总结成绩、直面问题的书。总结成绩,就是该书从一个侧面总结回顾了我校人才培养工作取得的成功经验,并将它提升到规律性认识的理论层次,为克服传统思维、陈旧思想,实现开拓创新、指导未来实践奠定了基础。直面问题,就是该书反映出广大教师对高校育人工作面临的新情况、新问题、新任务有了更深的认识,而且深刻揭示了这些变化产生的原因,以及应对这些变化所要求的教育理念、教育目标、教育载体、教育方法创新之思考。

这是一部把握趋势、指导未来的书。把握趋势,表现在广大教师在着眼人类社会发展规律、高等教育教学规律、高素质人才成长规律认识的基础上，对把握新形势下高校人才培养工作的发展趋势、发展规律有了新的提升。指导未来，体现在教师对人才培养工作的理论与实践思考，必将使我们的认识更具前瞻性、合乎规律性，工作更具针对性、实效性，体现时代性，把握规律性，富于创造性。

书中关于教育理念、教学探索、育人心得、师德风尚等的精辟论述，正是我校教师坚持解放思想、实事求是、与时俱进思想路线，勇于在理论与实践中接受新考验、推动新改革、谋求新跨越、达到新境界的最好证明。我们有理由相信，本书的出版对进一步深化我校教育教学改革、提高人才培养质量必定具有重要的推动作用。

愿广大教师从这本闪烁着爱心和智慧光芒的话语集萃中汲取营养、得到启迪，努力把自己培养成为有理想信念、有道德情操、有扎实学识、有仁爱之心的好教师，为社会培养出更多的优秀人才。

是为序。

林娟娟

2015 年 11 月 15 日

目　　录

王佑镁，男，汉族，1974年出生，江西吉安人，教授，理学博士，温州大学创业人才培养学院院长，瓯江特聘教授，教育信息化研究所副所长，教育技术学硕士研究生导师。主要研究方向为数字化学习、数字化阅读、数字青年、高校创新创业管理等。在《教育研究》《比较教育研究》《高等工程教育》《电化教育研究》等国内外重要刊物和会议发表论文百余篇，主持国家社科基金、教育部人文社科项目、全国教育科学规划重点课题等各级科研项目十余项，出版教材和专著三部，多次获得省高校优秀科研成果奖。

教育教学改革需要“顶天立地”

王佑镁

作为教学创新的重要途径，教育教学改革始终是推动高校内涵式发展的核心内容。随着高等教育由精英教育阶段迈向大众化教育阶段，教育观念、教育价值、区域经济社会发展对人才需求等诸多方面的变化，对地方高校教育教学提出了新的要求，在推进以质量为核心的内涵式发展进程中，各级各类教学研究与建设参与者需坚守“顶天立地”的教改立场，以此促使学校教育教学在观念、内容、方法等各个方面不断深化改革，以适应区域经济转型与社会发展变化的新需要。

一、“顶天”——教学改革是一项教学创新活动，参与者需要关注顶层设计、秉持理论高度、刷新教学理念，避免成为山间竹笋式的教育教学改革者

所谓顶天，就是能上九天揽月，作为一项教学创新活动，教育教学改革需要具备一定的创新意蕴，应该包容一定的顶层意识、理论内涵和理念高度。教学改革实质上是一种问题解决导向的教学创新研究，在高等教育注重内涵式发展的背景下，这种教学创新活动应该具有一定的整体性、创新性和示范性。

关注顶层设计，强化顶层意识，把握学校教育教学改革的整体特质。学校顶层设计是一个大学对未来发展及改革的整体谋划，实际上为各类教育教学改革提供了重要指引。当前，地方高校都在内涵建设、特色发展上大力攻坚，我校突出强调人才培养目标定位的应用型，强调人才培养过程的分层分类，精细化、多

元化、立体化推进人才培养模式创新。教育教学改革项目的设计者与实施者需要站在学校整体规划设计的角度，立足本校人才培养目标定位，审视目前教育教学过程中存在的问题，厘清改革的具体面向。在具体操作中，需要把握学校整体发展脉搏，研读学校发展规划及各个子规划，理解学校层面的各类讲话精神，透析学校教育教学发展的关键词，跟进学校教学改革的整体推进方案，揣摩各类教改项目中的课题指南，时刻保持顶层意识，确保所提出的教改问题吻合学校教学聚焦所在，确保解决方案符合学校教学发展的整体利益。

秉持理论高度，夯实理论根基，挖掘学校教育教学改革的创新特质。教育教学改革本质上是一种教育实践研究，理论创新并非其目标和宗旨。但作为一项探究和干预人才培养过程的研究活动，哪怕是一个课堂的教学方法改革，也会极大影响学生对于某门课程或者知识体系的理解，其影响面和重要性不言而喻，因此，改革过程中需要从广博的理论体系中充分寻求学术涵养，需要秉持一定的理论高度，遵循一定的教育教学规律，挖掘学校教育教学改革的创新特质。在具体操作中，教改项目设计者和实施者需要时刻跟踪高等教育教学领域的新发展，把握信息时代教学变革的内涵及学习者的特征需求，理解教育学、心理学，学习科学、脑科学、管理学等不同领域的新知识，跟踪本专业本学科教学研究进展，从多学科丰富的学术涵养中吸取养分，整合并应用于教育教学改革与研究项目中，为教改研究的创新吸纳丰厚的理论基础。当前，创新创业教育、分层分类教学、探究性教学、工作场所学习、基于大脑的教学、数字化学习、网络化教学、翻转式教学等跨学科的学术研究成果为大学教育教学改革提供了丰富的理论支撑。

刷新教学理念，改变教学行为，强化学校教育教学改革的示范特质。教学是一种经验性行为，也是一种智慧行动。理念是行动的先导，理念在很大程度上决定着教学内容的性质、教学方法的选择和教学过程的走向。因此，在教育教学改革研究中，研究者需要时刻刷新自己的教学理念，改变自己的教学行为，强化学校教育教学改革的示范性。在具体操作中，教学改革研究者需要更新人才培养观念，创新人才培养模式，时时刷新区域应用型人才培养理念、素质教育理念、通识教育理念、差异化教学理念、研究型学习理念、创新创业教育理念、数字时代的教育理念以及"产学研"合作教育理念等，这些其实也构成了近年来我国高校教育教学制度改革、教育教学实践发展的基本指向。

二、"立地"——教学改革是一种教学行动研究，参与者需要关照学生发展、坚持惠生导向、追求实效价值，避免成为墙头芦苇式的教育教学改革者

所谓立地，就是能下五洋捉鳖，作为一种教学行动研究，教育教学改革需要关照学生发展，应该凸显惠生导向，应该追求育人和教学的双重实效价值。当前教育教学改革层面仍存在"为改而改""为教师而改""为业绩而改"等现象，部分教学改革项目落入一般"项目"研究的窠臼，忽视学生的需求，无视学生的发展，只强调面上、纸上的产出，而不注重内涵、实效的生产。这种教学改革只能是无源之水、无本之木，无法体现教学改革的发展性、惠生性和实效性。

关照学生发展，触及学生灵魂，凸显学校教育教学改革的发展特质。促进学生发展应该成为学校一切工作的出发点。受到实用主义和科学主义教育理念的过度影响，当前教育教学改革诉求越来越倾向于一种训练导向的结果，教学过程成为剥离学生现实处境和精神状态的流水线作业，无法融合教育的"文化功能和对灵魂的铸造功能"。在雅斯贝尔斯看来，教育本身就意味着：一棵树摇动另一棵树，一朵云推动另一朵云，一个灵魂唤醒另一个灵魂。在具体操作中，教育教学改革者需要深切关注学生发展的时代诉求；及时更新课堂教学内容；注重学生思维与方法训练；将智慧、素质发展融入专业教学，因为"教育是人的灵魂的教育，而非理智知识和认识的堆积"；尝试运用多种教学方法改变教学现场，从知识灌输式教学逐步改进为学习者为中心的教学；通过多维情感互动进入学生的心灵。

坚持惠生导向，强化育人理念，落实学校教育教学改革的惠生特质。学生是教育教学的主体，也应当是教育教学改革项目的主体与受益者。教育教学改革的一切效果与效益都应该以学生的能力提升与思维发展为核心，应该以学生的学习满意度和学习体验感为评价标准。在具体操作中，教育教学改革者需要固

化教改项目的学生发展要义,将区域经济社会发展诉求与学校人才培养目标定位结合起来,要针对专业建设和人才培养过程中的关键问题,将地方要素融入课程建设与课堂教学,加大社会资源在课程与教学建设过程中的参与度,拓展学生学习与能力发展的校内外、课内外空间,营造满意度高和体验感强的学习空间与育人环境,切实通过项目化的运作与实施,深化教育教学改革,让高水平的教学建设与研究成果切实惠及学生。

追求实效价值,贯彻行动研究,强化学校教育教学改革的实效特质。在博耶(Ernest Boyer)看来,教育教学是种教学学术活动,是一种聚焦教师教学优化、关注学生有效学习、追求教学绩效和改进教学实践的"教与学的学术",是与创新人才培养模式息息相关的教育行动研究,其目的在于对教育实践的"改进",因此,教育教学改革中需要追求教学与育人的双重价值,坚持应用导向,强化学校教育教学改革的实效特质。在实际操作中,需要将改革的目标设置为学生为主体的能力发展与思维提升层面,项目设计应该以学生需求为依据,改革方案应该采用问题—计划—行动—反思的实施路径展开,在真实复杂的情境中开展干预式设计的循环迭代研究,教改成效的评价应当以学生能力指标发展以及研究结论的可应用性、可推广性为基本参考标准,从而提高教育教学改革研究的实效性和应用价值,达成教育教学改革研究与教育教学实践的"无缝"衔接。

从本质上看,学校教育教学改革中秉持的"顶天"和"立地"是一组辩证关系,可以互相转化。顶层设计的把握、理论基础的涵养、教学理念的刷新,可以框定教育教学改革的目标与方向,可以带来整个教育教学过程的全新变化,可以促进教学要素重组,可以激发学生的学习动机,自然能"立地"促进学生能力发展与素质提升。反过来,关照学生发展、坚持惠生导向、追求实效价值的"立地"立场表明,没有哪种工作,比注重教学与育人双重实效性的教育教学改革提升学校人才培养水平与质量、服务学校整体利益、给学生发展带来实惠更高尚了,这种"立地"其实是最高宗旨,也是"顶天"。

(《温州大学报》第 128 期,2013 年 10 月 30 日)

王定福,男,副教授,1971 年 8 月出生,浙江温州人。现任温州大学党委、校长办公室主任,曾任温州大学城市学院党委书记,温州大学学工部部长、学生处处长。

学区制:新时期高校人才培养模式改革的新探索

王定福

高校到底培养什么样的人?怎样培养人?在我国高等教育进入大众化阶段以来,高校生存发展的外部环境已经发生巨大变化,学生群体的特点也与以前明显不同,高校学生思想政治工作的方式面临着全新的挑战。作为学校人才培养的一个环节和学生全面发展的基本要求,加强对学生生活的教育和引导,改变目前学生生活区的现状,是突破当前人才培养困境的积极探索。

一、一个基于学校人才培养目标的战略决策

在不断的摸索实践中,目前国内高校学生生活区的教育管理主要形成了三种基本模式,即延伸制、社区制和书院制。这些模式各有所长,但是是否适应我校的"水土"仍是一个难题。在博采众长的基础上,我校结合学生特点、地域特色和人才培养目标,创新性地提出了"学区制"学生教育管理模式改革方案。按照"学区制"学生教育管理模式的制度设计,学区以学业归属区为基础,以学生生活区为地理划分,包括公寓宿舍区、学生食堂、文化活动场所、商业服务网点等在内的学生课堂学习外的生活、休息、学习、交往、娱乐、个体及群体活动的特定区域。学区制改革的目标是把学生生活区逐步建设成为融"思想教育、行为指导、生活服务、文化活动、道德实践"等功能为一体的思想政治工作者的德育阵地,学生学习生活的成才基地和校园文明建设的道德高地!

在这一改革目标的指导下,学区制改革最大的创新也是最大的突破是在学院和学区之间对学生思想政治工作进行合理的职责分工。其总体要求是:教工

和研究生的思想政治工作由学院负责，本、专科学生的思想政治工作由学区和学院各司其职、密切配合、共同承担。原则上，与本、专科学生的学业、就业有关的工作由学院负责，与本、专科学生的生活、身心相关的工作由学区负责。学区和学院各自的职责根据工作内容的具体属性进行分工。实施学区制改革后，各学区将承担起学生课堂学习之外育人工作的主要职能。

二、一次回应新时期高校思政工作的积极探索

长期以来，受制于服务场所、活动设施、休闲场地、宣传阵地等的不足，学生生活区人文环境不理想，难以开展丰富多彩、特色鲜明的思想政治教育活动，育人效果不明显。再加上学生生活区学工队伍不稳定、教育管理手段落后等因素，学生生活区成了高校思想政治教育工作的薄弱区。面对种种不利因素，高校思想政治教育工作如何在维护教学中心工作的同时实现工作阵地的拓展，学生管理架构如何实现从传统的班级向学生寝室的转移，如何实现学生教育管理方法从教育管理为主向教育管理与生活指导的融合渗透等，是在高校学生工作中长期存在又亟待学区制改革探索给予解答的“难题”。

作为一项创新性、革命性的改革，学区制改革首先涉及工作理念的变化。学区制改革通过引导各学院、各学区、各有关职能部门为学生的发展提供便捷有效的教育引导与服务，全面参与学生成长成才的育人实践，这对传统的学生教育管理中重管理轻服务、重制度建设轻人文关怀的管理主义倾向是一个重大改变。学区制改革还涉及管理体制的变化。学区制管理模式下，传统的“校—院—系—班”的管理层级将逐步向“校—学区—宿舍”的管理层级转变，管理的终点直接指向学生寝室这个最基本单位，管理层级的扁平化和管理中心下移的趋势明显。学区制改革也涉及工作机制的变化。传统的学生教育管理实行以条为主、条块结合的行政管理体制，行政命令的传达、工作任务的分配以纵向形式进行，管理的科层制结构明显。学区制管理模式下，学院与学区之间、学区与后勤之间、学区与职能部门之间工作的横向联系增多，不同工作内容的交叉融合增多，工作信息的双向反馈增多，管理的网格化表现突出，随

之而来的将是各有关职能部门和学院工作运行机制的调整和工作方法的改变。

三、一场没有成功样本和先例示范的艰难改革

现实中,学区制改革不可避免地将遇到诸多问题。广大师生如何在思想观念上完全理解这项改革还需要一段时间,如何顺利实现学院与学区学生工作的无缝衔接也是改革初期将会遇到的突出难题。学区制改革也不是学工系统的“单打独斗”,它是学生工作系统的重要变革,但是又不局限于学生工作系统。作为提高人才培养质量的重要探索,发源于学生工作系统的学区制改革是和教学、科研等同等重要的高校人才培养体系的重要组成部分。因此,学区制改革还要处理好学区事务性工作与学院学术性工作之间的关系,处理好学区与参与学生生活区育人工作实践的专业教师、寝室导师、班主任等之间的关系。在实质上,学区制改革最终要解决的是教师和学生的关系问题,也就是长期以来备受诟病的教书和育人的脱节问题。

没有可以参照的成功样本,也没有可以借鉴的示范经验,“摸着石头过河”是我校学区制学生管理模式改革的真实写照。但是,我们将以百倍的信心和勇气,以创新的胆识和智慧,以温州人“敢为人先、敢闯敢干”的精神,克难攻坚,勇往直前,把学区建设成为人才培养的重要阵地,积极推动学校从“专业能力培养”向“全面素质教育”的根本转变!

(《温州大学报》第110期,2012年10月15日)

方建敏，男，1967 年出生，1985 年参加工作，先后在平阳县中心小学、平阳县教师进修学校、平阳师范学校和温州师范学院工作。现任温州大学溯初学区党委书记、主任。

项炳池，男，中共党员，1979 年 11 月出生，浙江温州龙湾人，温州大学辅导员，助理研究员，具国家导游、GCDF 全球职业规划师等资格认证。在《研究生教育研究》《温州大学报》等核心期刊、校报发表学术论文和工作论文多篇，多次参与高等教育学、应用心理学领域的全国性论坛。

大学生参与学区管理的三维思考

方建敏　项炳池

在大学生价值追求越来越多元化的今天,学生个体的全面自由发展需求对高校传统的教育、管理和服务模式提出诸多挑战。正是基于这一背景,2012年6月,我校开始实施学区制教育管理改革,探索在生活区开展大学生思想政治教育的新模式,努力打造全员育人、全方位育人的崭新师生交互平台。溯初学区设立伊始,就秉持"学区即学生自己的社区(student community),而不仅是学习的社区(learning community)"的工作理念,积极创造条件鼓励学生参与学区各项管理工作,以促进学区和学生的更好发展。

在学区制背景下,大学生如何参与学区的管理?这是值得深入思考的问题。

一、从宏观层面看,学生参与学区管理,首先要对学区管理制度进行顶层设计

1.成立学区事务委员会

学区事务委员会是学区最高权力和决策机构,由学区书记、辅导员、学生代表组成,学生代表占学区事务委员会人数的1/3。学区事务委员会每月召开一次全体会议,负责研究制定学区发展目标规划、学区定位及文化建设、学区重大改革决策和管理制度等。学区事务委员会各成员根据各自的权利、义务和相关工作职责组成若干独立委员会,如学区公寓管理委员会、学区楼栋自治委员会、学区心理健康工作委员会、学区社团与兴趣培育工作委员会、学区

团学活动委员会、学区资助与勤工助学委员会、学区学生权益与发展委员会、学区新闻与宣传工作委员会、学区党员发展与服务工作委员会等。各独立委员会制定并履行各自的章程,实行自主管理,包括独立委员会成员招聘、财务预算、工作内容、工作权利和义务、考核目标等。各独立委员会需在每学期向学区事务委员会汇报学期工作计划和总结,学区事务委员会对各独立委员会行使监督和表决权。

2.制定学区章程

从现代大学管理制度来看,工作章程是学区行使权利和义务的根本制度保障。学区事务委员会需将学区的办学理念、发展目标、工作职责、经费及硬件设施保障、辅导员与学生之间的关系、学生代表的选举等管理制度写进工作章程。该工作章程是《学生手册》之外学区自治管理的法规性文件。让大多数学生对学区章程的制定发表意见,使学生从被动接受管理变为主动维护学区的规章制度,从而有效推进学区管理的规范化、程序化、制度化建设,达到"广纳群言、广集民智、增进共识、增强合力"的目的,这也是学区以生为本、科学决策的可靠保障。

3.建立社团奖励机制,繁荣学区文化

营造宜居宜学的学区文化,学生活动是载体,学生社团是根基。学生社团和学生活动,是塑造学生品格、参与社会治理、鼓励团结协作、促进全面自由发展的重要第二课堂,是学生走下网络、走出寝室、走向操场的根本途径。学区通过调研90后大学生所关注的社会焦点、职业与发展愿景、兴趣爱好、学习能力和成就动机等方面的情况,梳理、归纳、总结90后大学生的学习生活规律,对学生的需求进行科学合理的分类,引导大学生组建、参与相关社团或活动。建立社团活动奖励机制,对社团宗旨、活动类别、活动意义、参与人数、社会关注度等方面进行综合评估,鼓励大学生开展丰富多彩的社团文化活动。

二、从中观层面看，引导大学生参与学区管理，要把教育与自我教育紧密结合起来

从教育的内容来看，我们首先要关注学生的全面自由发展，弘扬个性特长，提升生活幸福感，要以“富强、民主、文明、和谐；自由、平等、公正、法治；爱国、敬业、诚信、友善”的社会主义核心价值体系为统领，强化国家意识、民族观念、集体精神，帮助大学生正确处理当前与未来，理想与现实，个体与集体，个体与国家的关系，强化大学生的责任意识和历史使命感。

从教育的途径来看，要发挥学生主体意识，强化自我教育功能。通过生活教育、闲暇教育，使教育回归生活，力求创造更加丰富多彩的生活，并通过对生活疆域的开拓改造完善人性。普雷姆·柯帕耳认为，“现代教育的实质在于追求良好的生活质量，影响一个人内心精神状态的教育革命，堪与人类在外界空间的那些眼花缭乱的成就相比”。只有能够激发学生进行自我教育的教育，才是真正的教育。

从教育的方法来看，不应像以往那样站在道德的高地对学生进行教导，而应该把道德的规范介绍给学生，让学生自己在实践中评判，在评判中成长。通过言传身教、文化宣传、实践活动、团体辅导、个别咨询、先进表彰、读书讲座、公益劳动、技能学习等多种方式，引导学生积极参加社会活动，延展社会触角，丰富生活内涵，提升自主管理能力和生活体悟能力。引导方法以柔性为主，刚柔并济；引导技巧以鼓励示范为主，不可强求。

三、从微观层面看，学生参与学区管理，要以服务学生和提升学生的自我服务能力为立足点

辅导员是大学生健康成长的引领者和服务者。辅导员工作既要“辅”（服务）又要“导”（引领）。

辅导员服务学生，并不意味着事事亲力亲为，而应该在学区的办事流程、制度与管理的规范建设、学生数据库的维护更新等基础性工作上下苦功，出细活；

重视与学生的沟通交往,融入学生的日常生活,了解学生的真实想法和内心需求;在学生干部队伍和学生团队建设中,扮演好引路人和掌舵者的角色。

辅导员要培育学生自我服务能力。提倡学生能处理的矛盾老师不插手,学生能决定的事情老师不干预,学生能办好的活动老师不参与。有人说世上最难的事,是“把一件你很拿手的工作交给别人,再眼睁睁看着他把事情搞砸,而你却还能心平气和不发一言”。培育学生自我服务能力,需给予学生足够的犯错和成长空间。溯初学区“楼栋党员服务站”“溯初学堂讲师团”“义工服务团”“溯初厨房”“校友书吧”“溯初健身房”“公共自行车”“寝室导师下午茶”“惠生复印机”等服务项目,正是提升学生自我服务能力的尝试。

杜威曾说过:“学生自治就是学生自己管理自己。”但他同时还指出:“自治最重要的条件,就是把自己的思想责任加重。”大学生参与学区管理,受到思想成熟水平、协同治理能力、理论研究程度、实践工作经验、自治体制章程等多方面因素的制约,且鲜有成功经验可循,因此,需提升大学生参与学区管理的民主意识和主人翁意识,倡导民主、公开、公正、公平的学区管理模式。当前,大学生参与学区管理,是学区发展的重要力量,学区应该动员一切可动员的力量,共同努力,以求达到这样一种境界:做了很多,但别人感觉不到你做了;改变很大,但大家不知道是什么时候发生的改变。

(《温州大学报》第139期,2014年5月30日)

方益权，教授，博士，硕士生导师，温州大学党委委员、组织部部长。任浙江省社会法学研究会副会长，“浙江法治在线”高级专家顾问，温州市社会法学研究会会长，温州市决策咨询委员会委员，温州市政协委员。主持国家社会科学基金项目、国家法治与法学理论研究项目、浙江省新世纪教改重点项目等二十余项科研项目，主持浙江省精品课程《民法学》的建设工作；出版学术专著 6 部，发表学术论文 80 余篇(其中权威期刊和一级期刊 33 篇)；成果获得全国法学教材与科研成果二等奖、浙江省哲学社会科学优秀成果奖、浙江省科学技术进步奖等科研成果奖二十余项。主要从事民法学、教育法学的教学研究工作。

人才培养始终是高校首要的根本的任务

方益权

认真思考学校办学的任务和职责，对教育者是极为重要的。高校的任务和使命很多，一般概括为人才培养、科学研究、服务社会、文化传承与创新。其中，哪一项是高校的首要职责？对此，则是仁者见仁、智者见智。各高校在办学中也各有不同侧重，某些高校甚至于偏重到“举一弃三”的程度。

“为什么我们的学校总是培养不出杰出人才？”这就是著名的“钱学森之问”。“钱学森之问”是一道关于中国教育事业发展的艰深命题，需要整个教育界乃至社会各界共同破解。但是，钱老问的仅仅是人才培养问题吗？如果从更大的视野看待“钱学森之问”，我们就会发现，“钱学森之问”问的是教育的整体任务和使命、职责及追求。进一步梳理其中的关系，我们就不难发现：高校如果没有很好地承担和完成人才培养的任务，而去谈什么科学研究、服务社会、文化传承与创新，那就只能是镜花水月了。

温州大学是一所地方性高校，法政学院是这所地方性高校中的一个学院。因而，法政学院无疑也承担着一定的科学研究、服务社会、文化传承与创新等任务，要以自己的努力促进法治进步，政治清明；要以自己的努力回馈社会，促进社会发展；要以自己的努力促进文化传承与创新。但是，以国家和社会的需要度之，人才培养不就是最值得我们去研究和实践的最重要的课题吗？人才培养不就是我们对社会最好最重要的服务和回馈吗？人才培养不就是我们为文化传承与创新所能做的最有价值的事吗？何况，以学院区区几十名老师的努力来完成上述使命，何其艰难！因此，更多更好地培养优秀人才，让他们一起来承担这样的使命，才能实现薪火相传，才能达到“众人拾柴火焰高”。再者，作为地方性高校,科学研究等虽然仍是极为重要的,但人才培养作为服务地方的最重要体现,显得更为重要。试想,如果一所地方性高校在人才培养质量上被社会所否定,那还有什么理由和基础获得地方的办学支持?地方性高校与一些研究型高校在办学任务上之区别,恐怕也是体现在更侧重于培养服务区域经济社会发展需要的优秀人才还是更侧重于科学研究。如果以学生和家长的心态度之,高校将人才培养始终作为首要的根本的任务,其重要性更是不言自喻。

另外,我们在认识到人才培养对于促进科学研究、服务社会、文化传承与创新的重要意义的同时,也应该认识到:如果高校和教师没有一定的基于理论素养基础上的科学研究能力,没有因服务社会而获得的对社会的更深认识和专业技能,不能对文化传承与创新有所作为,那么,这样的高校和教师,是培养不出优秀的人才的。因此,高校的四大使命,不是也不应该是对立的。而其中,人才培养始终是高校首要的根本的任务,这是不容置疑和动摇的。

在提高人才培养质量的命题下,完善各专业人才培养方案、科学设置课程、教师掌握高超的教学技能和合理的教学方法并各具教学艺术和风格等,都很重要。但是,如果没有作为学习主体的学生的求知意识和能力的根本改观,提高人才培养质量必无从谈起。因此,提高人才培养质量,首在学生学风之激发。不从观念、制度和行动上改变当前各高校普遍实行的已根深蒂固并从根本上败坏学风影响人才培养质量的学生"宽进宽出"模式,真正构建学生"宽进严出"模式,其他改变学风的任何努力都必将是舍本逐末的和徒劳的。从长远和根本上看,"宽进严出"模式是符合教育规律的,是符合国家和社会发展需要的,也是符合学生的发展需要的,最终必将获得包括全体追求进步的大学生在内的全社会的衷心支持。除了以"严出"倒逼学生的学风外,通过"学评教"以教风促学风、通过"学、教、评行政"以管理促学风,也都会是有效的和可行的。

(《温州大学报》第 103 期,2012 年 4 月 15 日)

教育合力应该落实在制度推动和制度保障上

方益权

众所周知,学校培养"重实践、强创新、能创业、懂管理、敢担当"的高素质应用型人才,离不开校内从事教育的各种有效力量凝聚在一起所形成的强大合力。要使大学生的自我成才欲求与学校的教书育人、服务育人、管理育人共同形成一股强大的教育合力,需要落实在制度推动和制度保障上,实现学生评价制度、专业质量检测制度、教师业绩考核制度、行政绩效评估制度的科学化和有效化。

一、个性化的学生评价:激发全体学生的成才动力

学生评价是学校教育评价的核心,也是促使学生健康成长成才的指南针和驱动力。学生评价制度是否科学、有效,在根本上反映的是学校是否树立了正确的学生观,学校是否以促进每一个学生的健康成长成才作为学生评价的根本出发点和最终目的。

当前,一些学生评价制度或多或少地存在评价主体错位、评价目标单一、评价内容片面、评价方式简单、忽视过程评价等缺失。这在本质上,要么是学校"重面子、轻里子",注重"标志性学生"培养或学生标志性成果培育,轻视"关注每一个学生、成就每一个学生"的教育使命之真正践履,没有让优质教育普惠每个学生;要么是学校"重管理、轻服务",更多关注自身管理成本的节约,缺乏将服务于全体学生成长成才作为学校开展学生评价的根本目的的深刻认同,没有实现以评价促发展的目的。

评价主体多元化,是由于学生素养是多方面的,每个学生都有各自的优势和

特点。学生在意义建构过程中，表现出来的素养不是单一维度的数值反映，而是多维度、综合素养的体现。因此，学生评价的主体，除了任课教师和学院、学区服务管理人员外，还可以包括学生群体和个体、学校管理人员、学生家长，甚至是专职的评价机构、教育决策机构、学校以外的其他有关人员等。

评价目标和内容的多元化，要求学校依据全面发展的教育目标和价值观，在学生以主体身份参与的前提下，制定双方认可的全面发展目标，由多元评价主体共同运用多种评价技术和方法，对学生的道德素养、学习能力、实践能力、创造能力等全面发展指标做出价值判断，使学生诸多方面的潜能得到充分而又和谐的发展，真正体现学生的身心素质发展水平。

评价方法多元化，要求学校用多元的评价方法去评价学生的不同方面，用不同的评价方法去衡量每一个学生，促进每个个体的积极主动发展。加德纳的多元智能理论说明，每个人智能的组合方式是不一样的，不能仅靠一种方法去衡量所有的受教育者。学校依据评价内容的不同，可以采用量化评价与质性评价、过程评价与结果评价相结合的方式，通过数量化的分析和计算对学生的学习效果等进行评价，通过质性评价对主流学生的思想是否积极、方向是否正确等进行评价。这样，既注意对学生的统一要求，也关注学生的个体差异以及对发展的不同需求，为学生有个性、有特色的发展提供一定空间；这样，才能肯定每个个体的优点以激发其自信和前进的追求，才能发现每个个体的缺陷以明确其目标和前进的方向。

二、制度化的专业质量检测：激发教育“模板”的培育活力

个性化人才培养并不能否认每一个专业都是培育学生的一个“模板”的事实。专业建设是学校的核心工作，是加快学校发展，提高办学水平，优化人才培养的关键。一所高校，应该以满足变化中的社会需求为导向，以坚实的学科建设为基础，以专业结构的调整和优化为重点，制度化地开展专业质量检测，不断加强专业内涵建设，深化教育教学改革，大力推进素质教育，全面提高各专业的培养质量。

当前,“帕金森定律”似乎也反映在一些学校的专业设置上,专业越办越多,哪个专业都不想舍弃,哪个专业都没办好。究其原因,不外有二:一是因人设专业的现象极为普遍。有一组什么专业背景出身的师资就筹办什么专业(其中也有颇多牵强附会的专业骨干力量之“组合”),甚至学校或学院管理者的个人喜好也能成为某个专业设置的理由。二是缺乏调整优化专业的决心。舍弃一个专业,调整优化一个专业,都需要付出各种成本。如果没人愿意下专业改造的决心,承担专业改造的成本,最终只能让学生成为低质量专业的牺牲品。

制度化地开展专业质量检测,并根据该质量检测结果进行专业调整优化,在根本上要求学校基于利益分析法,科学合理地建构专业调整优化制度,完善专业调整优化路径设计,打破利益分配的铁饭碗,按专业建设优劣而不是数量来重构各种利益分配机制,从本源上激活各学院主动进行专业调整优化的积极性,以确保学生培育“模板”的高质量。

三、分层分类的教师考核:激发全体教师的育人动力

英国工党发表的白皮书《卓越的学校》指出:“职业的标志就是要有一个准确、活力的效绩评价体系,因为该体系能够辨认成功与失败,也能制定奖励的标准。”教师作为人才培养中最大的、最具活力的资源,其思想境界,工作质量,潜在能力的调动、运用和发挥,可以转化为很高的人才培养效益。构建科学合理的分层分类的教师考核制度,可以有效激发全体教师的育人动力。

分层分类的教师考核应当实现教师工作评价与业绩评价的结合,制度化地积累整合关于教师的定性评价、定量评价、分解性评价、稳定性评价、过程性评价和灵活性评价等成果,并使之形成一个比较客观的、实在的总结性评价成果。

分层分类的教师考核应当实现奖惩性评价与发展性评价的结合,将教师的工作能力、工作态度、工作成绩、特殊贡献、总体评议等作为构成要素的考核结果,与职称评聘、职位变更、工资升降等相挂钩。这样,在适当的压力和竞争下,既能调动教师的主观能动性,又能加强教师的危机感和责任心,从而提高学校的育人水平。

分层分类的教师考核应当实现对教师的多元化认同和全员激发。科学研究能力强的教师，以其标志性成果获得高度认同（抛弃低层次研究成果数量累计的考核办法），并制度化地鼓励其着力将科学研究能力通过指导相关的学生创新项目，与学生的创新能力培养相结合；教学能力强的教师，以其受欢迎的教学工作获得高度认同（改变教学薪酬分配"重数量、轻质量"的现状），并制度化地鼓励其着力将教学能力通过传道、授业、解惑，与学生的专业发展相结合；对学生有高度责任感的教师，可以以其对学生的悉心指导获得高度认同（或许其科研和教学能力都不够强），并制度化地鼓励其着力将育人责任心落到实处，与指导学生人格完善相结合……"圣人恒善救人，而无弃人"。教师的多元化认同，必将实现全员激发。如果既无科学研究之成，也无循循善诱之能，还无悉心教导之德，实属自弃。

总之，各种教育合力只有落实在制度推动和制度保障上，才能真正持续和有效地发挥育人合力作用，培育出高素质应用型人才。其中，行政绩效评估制度的科学化和有效化当然也是极为重要的，学校应该努力通过制度创新激发服务管理人员的服务动力。限于篇幅，将于另文阐述相关拙见。

（《温州大学报》第 134 期，2014 年 3 月 15 日）

冯方盛,男,1974 年 2 月出生,浙江温州人,曾任温州大学城市学院党委副书记,现任温州大学党委宣传部副部长,副教授。曾获温州师范学院优秀教育工作者、温州大学优秀党务工作者称号。在《中国高教研究》《教育发展研究》等核心学术期刊上发表思政学术论文 10 余篇。主持或参加浙江省教育厅科研计划项目、省社会哲学发展规划课题等多项课题。

加深师生交流　促进教学相长

冯方盛

近年来，随着高等教育办学机制体制改革的全面推进，高等教育办学规模快速扩张，高教园区大量兴建，我国高等教育实现了从精英教育到大众教育的转变，圆了更多老百姓的“大学梦”，也在一定程度上缓解了就业压力。但是，快速发展的高等教育，也给高校师生沟通交流带来时间、空间上的诸多不便，影响着师生关系的和谐发展。

良好的师生关系是大学教育的基石，是使大学成为精神圣殿的根本。师者，是传道授业解惑的人，和谐的师生关系一直是人们温暖的向往。“一日为师，终身为父”“天地君亲师”诠释了师生关系是仅次于亲人关系的一种亲情般的恩情关系。清华大学原校长梅贻琦说：师生犹鱼，行动犹游泳，大鱼前导，小鱼尾随，从游既久，其濡染观摩之效，不求而至，不为而成。师生“从游”，在“从游”中让学生耳濡目染地学到“道”和“业”，体现了教育的本质，体现了孔子所说的“大学之道”。

和谐的师生关系是师生之间融洽、真诚和温馨的心理氛围，它以“仁爱”为基础，以“平等民主”为原则，以“双赢”为典型特征，它的存在对促进学生的全面发展、实现老师的使命、构建和谐校园具有重要意义。“仁爱”，对老师而言，意味着以“仁爱”之心对待每一位学生，在思想认识上引导他们树立科学的世界观、人生观和价值观；对学生而言，则意味着要树立对老师的尊重和崇敬之情，以“仁爱”之理念，去思考老师所作所为的深刻用意。“平等民主”意味着尽管在人生经历、知识水平、教育地位上存在着差异，但老师要以平等的心态对待学生，用民主的姿态去处理教育教学活动中的一切事物；与之相应，学生在保持自己的主见与独立性的同时，也要运用换位思考的方式从老师的角度出发来看待问题。“双赢”，就是老师要将自己的品德、行为方式、知识等毫无保留地向学生敞开；同时，老师也从中摄取愉悦的情感体验，增强其为人师表的成就感。

长期以来，温州大学始终坚持以人为本的办学理念，高度重视良好师生关系的建设。在日常工作中，学校总是千方百计地要求各学院各部门切实做好后勤服务、资助困难学生等工作，为广大同学提供一个良好的学习环境与成才条件。在学校“十二五”规划的编制过程中，学校专题研究了良好师生关系的建设工作，提出了一系列措施与方案，致力于平等、民主、尊重、和谐的新型师生关系建设。2006年校学生会和各学院学生会共同发起了“最受学生喜爱的老师”评选活动，通过学生的自主参与来表达莘莘学子对培养自己、教导自己的老师最深切的敬意，该活动一直持续到今天，“最受学生喜爱的老师”称号也成了所有老师最愿意接受的一份来自广大学子的礼物；去年开始，学校将每年十月份的第三周确定为“校园师生节”，希望通过一系列活动的开展，进一步增进师生交流，加深师生情谊；从今年暑假开始，学校全面启动“百名教授访百家”活动，每年组织百余名教师深入到学生家庭，走访慰问，进一步增进学校与同学们家庭的沟通交流；今年九月，学校又建立了“寝室导师制”，要求全校每一位教职员工都联系一到两个学生寝室，经常深入同学们中间，开展学习指导、思想沟通、就业指导等工作……一系列活动的开展，使得师生沟通更频繁了，师生交流更深入了，师生关系更融洽了，校园更加和谐了。师生怀着仁义之心，本着平等民主之意，在互惠双赢中不断促进教学相长。

金秋十月，浓浓师生情，我校第二届“校园师生节”圆满地落下了帷幕，但是师生间的醇厚情谊将绵延不息，凝聚成的积极向上、团结奋进的精神力量，将成为进一步推进学校科学发展的有力保障！

（《温州大学报》第111期，2012年10月30日）

叶世祥，博士，教授，硕士研究生导师。曾任温州大学人文学院院长，温州大学党委研究生工作部部长、研究生部主任，温州大学副校长等职。兼任中国文艺理论学会理事、浙江省鲁迅研究会副会长、浙江省美学学会副会长、浙江省文学学会副会长等。已主持并完成两项国家社科基金，成功申请了国家社科基金重点项目“百年中国文学与媒介的互动共生关系研究”。出版《20世纪中国审美主义思想研究》等著作4部，发表学术论文50多篇，其中多篇论文被《新华文摘》《中国社会科学文摘》《高等学校文科学术文摘》及人大复印资料等转摘或转载，科研成果2次获得浙江省哲学社会科学优秀成果奖。

各尽其责,着力提升人才培养质量

叶世祥

校党委审时度势,将2012年确定为“人才培养质量年”。这是我校贯彻落实国家和浙江省中长期教育改革和发展规划纲要的重要举措之一。启动“人才培养质量年”,目的在于:进一步树立先进的教育思想和教学理念,深化教学改革,推进人才培养模式创新;加强教风学风建设,形成教师专心教、学生自觉学的良好氛围,促进课堂教学质量的明显提高;通过制度创新,在全校范围内形成重视教学,关注学生成长成才的良好氛围;形成推动教育教学改革、提高人才培养质量的合力,促进学校又好又快发展。

启动“人才培养质量年”,是一项系统工程。要求我们紧紧围绕提升专业建设水平和本科人才培养质量,深刻剖析应用型人才培养过程中的关键环节与问题,通过实施专业综合改革计划、卓越人才教育培养计划、大学生实践创新创业能力提升计划、教学模式改革与精品课程资源建设计划、教师教学素质提升计划等,优化专业布局和专业结构,深化人才培养模式改革与教学创新,强化学科与专业、教学与科研均衡协调发展,突出创新创业型应用型人才培养特色,全面提升人才培养质量。

各部门各学院要深入认识学校实施“人才培养质量年”的重要意义。“十二五”期间,高等教育将开始由外延扩张到内涵提升的新一轮发展,高校之间在人才、生源、毕业生就业市场等方面的竞争将更加激烈,缺乏核心竞争力的学校将面临危机,没有人才培养质量就没有温大师生的明天。各部门各学院要全面反思在人才培养质量中存在的问题,高度重视社会用人单位、学生和家长对人才培养质量的期待和诉求,切实增强责任意识,积极行动起来,投入到学校“人才培养质量年”的各项工作中去，努力营造“教书育人、服务育人、管理育人”以及“全员育人、全方位育人、全过程育人”的环境氛围。各部门各学院要根据各自的职能和职责，按照学校的工作部署，制订切实可行的“人才培养质量年”工作计划和实施方案。部门和学院制订工作计划和实施方案不求面面俱到，要本着切实找准问题、努力解决问题的务实精神，集中开展人才培养质量问题的深入调研，真正把人才培养当中存在的瓶颈问题查找出来，并以克难攻坚的勇气和决心探索人才培养质量提升的新途径，力求在提高人才培养质量方面有实实在在的成效。

全体教职员工，要切实承担起教书育人的重任。各职能部门的员工，要千方百计为人才培养质量的提高出谋划策。广大一线教师，要积极投身教学改革，在“人才培养质量年”做出更切实的努力。要大力提高课堂含金量，坚决纠正我校课堂上还普遍存在的填鸭式、灌输式的教学方法，突出学习过程中的自主性、研究性、实践性、创造性，大胆探索研讨课、基于问题的学习等更能激发大学生学习潜能的新的教学方法，真正以教风带动学风。教师要努力用自己的专业素养和人格魅力把学生吸引到专业学习当中去，让大学生在专业学习中焕发学习热情，真正像一个大学生一样去学习。

提高质量是大学永恒的主题，也是中国高等教育由大到强的必然要求，作为高等教育质量核心体现的人才培养质量，显然不是通过一个“人才培养质量年”就能一蹴而就的。启动“人才培养质量年”，意味着当前和今后一个时期，我校要把提高人才培养质量放在更加突出的位置。我相信，通过深入开展“人才培养质量年”活动，通过全校师生员工的共同努力，学校一定会形成“党政领导重视人才培养、政策导向保证人才培养、经费投入倾斜人才培养、科学研究支撑人才培养、职能部门服务人才培养、媒体舆论宣传人才培养”的浓厚育人氛围，开创人才培养工作新局面。

（《温州大学报》第101期，2012年3月15日）

叶新东,1976 年 1 月生,博士,副教授,硕士生导师,温州大学教育学院教师,2014 年 7 月至 2015 年 8 月美国犹他州立大学教学技术与学习科学系高级访问学者。现主持教育部人文社科青年基金项目一项,浙江省自然科学基金项目、浙江省教育厅重点项目一项,发表学术论文 20 多篇。主要致力于新技术、新媒体与应用、学习科学与技术方面的研究工作。

对“人”的思考带来的教育启示

叶新东

教育研究者对“人”的理解经历了一个发展过程,对于“人”的认识的改变,也带来了我们对教育的认识的改变。教育对完整“人”的认识,会对新的教育教学改革带来启示,一个怎样的“人”需要怎样的教育值得深思。

一、对“人”的理解的历史与发展

19 世纪末 20 世纪初第二次产业革命时期,为了工业化生产的大发展,资本主义国家急需大批有知识和技能的劳动者,社会系统对教育系统提出了新的要求,于是更多的人开始重视教育的改革、改进。以巴甫洛夫动物实验为基础的行为主义学习理论在 20 世纪初由美国心理学家约翰·华生创立,华生断言人和动物在心理上没有质的差别,但不能按人的心理来推测动物的心理,相反地要像研究动物心理那样来研究人的心理。以刺激—反应联结为基础的行为主义学习理论的发展,把教育对象的“动物性”作为了教育教学方法的基础。这种观念在教育教学中被广泛运用,如斯金纳发现的“操作性条件形成”,他利用奖励或惩罚等手段,来强化儿童的某些行为或消除某些行为,以塑造好的行为,矫治不良行为。在格思里、赫尔、桑代克、斯金纳等的影响下,行为主义学习理论在美国占据主导地位长达半个世纪之久。

从 20 世纪 60 年代起,随着对行为主义反思的增强,质性研究和案例研究重新受到关注,社会科学也开始摆脱行为主义价值观的束缚,研究者开始把教育研究的对象从“动物性”的人向具有社会性的人和具有心智的人转变。从而出现了第一代认知科学,由于第一代认知科学是伴随着计算机的发展而发展起来,主要是基于计算隐喻,人的心智被认为是按某种程序(算法)对符号进行的操作(计算)。教育的任务就是去为各种心智活动构建各种算法和程序——如果能够顺利实现的话。可以说第一代认知科学是把人归结为智能的机器。

在20世纪70年代后期和80年代后期,作为认知心理学创始人之一的奈瑟(Neisser)和作为认知的信息加工理论主要倡导者的西蒙(Semon)都对认知心理学的模型进行了深刻的反思,强调需要研究自然情境中的认知,更多地关注环境对于智能的影响。进入20世纪90年代后,研究情境认知和情境学习以及情境化人工智能的热潮在认知科学领域出现。而随之出现的第二代认知科学在基本立场上则抛弃计算隐喻,第二代认知科学将认知主体的"人"视为自然的、生物的、活动于日常环境中的适应性的主体,认知就发生于这样的状况中。它真正把对人的认识从"人工智能"向"人的心智"转变。

1994年,安东尼奥·R.达马西奥(Antonio R Damasio)在《笛卡儿的谬误》一书中这样写道,人脑和身体的其他部分构成了一个不可分离的有机体;有机体作为一个整体与环境互动:互动既不是仅涉及身体,也不是仅涉及大脑,这意味着,学习与行为的所有方面都在彼此互动着。底线就是,大脑、思维和身体构成了一个动态的统一体。达马西奥提出把人的情绪加入到理性决策中,展现了一个活生生的"人"。探究人的认知与学习关系的认知科学新研究领域——教育神经学的出现,促进了关于"人"的教育研究发展。总体来说,最重要的发展是对如下事实的承认,即需要把人作为一个完全的生命系统来看待,一个人的各个方面都深深地与其他每一个方面呈网络连接。教育神经学把心智理解为深植于人的身体结构及身体与世界环境的相互作用之中,把情绪与理智孕育于人脑与身体之中。这也就是我所理解的把教育回归一个完整的"人",也是本研究关注的教育的"人"性。

二、完整的"人"对教育的启示

1. 学习环境的重要性

人的心智是深植于人与世界环境的相互作用之中的,正如分布式认知理解的人的认知分布于个体内、个体间、媒介、环境、文化、社会和时间等之中，学习环境的构建成为教育教学改革中的重要一环。这个学习环境应该包括学习的物理环境和社会环境。

(1)学习的物理环境

我们通常说的环境也“育人”往往指的是学习的物理环境，米哈伊·森特米哈伊在正向心理学概念中提出理想的学习心理状态——“心流”状态时，认为促进群体心流出现的方法就包括环境构建的条件，如：创意的空间布局、合理的场地设计。来源于中世纪教堂模式的现有课堂布局已经阻碍了人与世界环境的自由交互，现代的教学环境的建设也已经从课堂环境建设向整个学习空间建设延伸。课堂座椅的自由组合，课堂丰富的展示空间，整个校园环境中随处分布的学习单元可以提升学习者进入学习状态的可能和欲望。

(2)学习的社会环境

在对“人”的新的认识中蕴含着这样一个知识观，那就是认为知识是内含在团队或共同体中的，通过个人与社会之间表现为通过互动、中介、转化等张力形式构建起的一个完整的、发展的知识观。个人与社会是知识的一个十分重要的维度。良好的社会沟通环境和社会沟通机制是保障学习发生的重要环节。沟通手段的多样化和有效性是社会环境建设的关键，无论是课堂中师生的交互、生生的交互，还是课堂之外的交互。学习者有了交互才有社会存在感，还会在社会知识中获得收益。

人们的思维至少可以分离出意识和无意识两类，我们的思维活动绝大部分存在于无意识的活动中，而环境建设却可以严重影响无意识的思维活动。教育总是在潜移默化地改变一个人，改变学习环境可能会默默地改变学习者的行为，从而改变教育。

2. 学习者自身的重要性

学习者是一个完整的人，是集情绪与理智于一体的人。在强调外部因素的同时，我们不能忽视学习者的主体性。如美国缅因州国家训练实验室提供的学习金字塔所描述的：主动学习的学习内容留存率远远超过被动学习所获得的留存率。有意思的是内容留存率最高的是教别人，达到 90%，而听讲的内容留存率仅仅是 5%，有趣的颠倒，这就是最近比较流行的教学模式——“翻转课堂”大行其道的原因。还有一个就是马上应用，留存率也达到了 90%，这也体现出学习者的需求是影响学习效率的重要因素。微视频和微课程的出现就是以需求为导向的教学内容建设，因为需求是离散的，系统的教学可能会满足不了，比如说学习者由于要出席一个典礼需要学习打领带的方法，他可能只需要一个 2 分钟的视频，而不是一堂 45 分钟的礼仪讲座，可汗学院的长约 10 分钟的视频公开课大受欢迎也是值得教育者们思考的。

我们教育面对的是一个完整的“人”，教育最重要的是提供给他们什么呢？一个良好的学习环境、一个让他们自主思考的机制可能比教给他们我们所拥有的知识更重要。现在是一个知识极度膨胀和信息极度发展的时代，我们缺的不是知识也不是信息，而是一个极度渴望汲取它们的“人”。这就是我们教育者和教育改革者需要思考和解决的问题，值得去深入探究。

（《温州大学报》第 140 期，2014 年 6 月 15 日）

孙良好,曾用笔名孙凯风等,男,浙江苍南人,1972年生。现为温州大学党校办副主任,教授,硕士生导师,中国现当代文学与文化研究所所长。系浙江省中国当代文学研究会副会长、浙江省中国现代文学研究会常务理事、浙江省文学学会理事、温州市作家协会副主席。曾在《文学评论》等报刊发表学术论文50多篇,并有多篇为《新华文摘》《中国教育报》和人大复印资料转载。出版专著2部,主持或参与教育部、浙江省社科基金、浙江省社科联等科研项目10余项。

让大学教育回到“以人为本”的原点

孙良好

在论文和课题成为大学教师紧箍咒的时代,学校把2012年定为“人才培养质量年”,希望借此提升滑坡状态中的日常教学,其用心可谓良苦。为了凸显“人才培养质量年”这个主题,学校精心设计了一系列的提升方案以及相应的量化指标。这些方案与指标显然与上级教育部门的各种评估有着密切的关系,但与现实教学中的两个主体——教师和学生的实际关联度则有待进一步考量。倘要从根本上改变当下“力不从心”的教学现状,提升人才培养质量,我以为在想方设法完成诸多硬性指标的同时,还得回到大学教育“以人为本”这个原点上来。

教育“以人为本”可谓老生常谈,但这个老生常谈的话题在这些年名目繁多的各类评审中被不知不觉地搁置了。我并不否认评审在教育管理中的必要性,但过多的评审所形成的导向和压力在无形中会约束作为教育主体的教师和学生的自主性和独立性。就具体指向而言,大学教育中的“以人为本”在我看来不外乎三个层面的意思:一是以实施教育的教师为本,二是以接受教育的学生为本,三是以优化人性的人格教育为本。

何谓“以教师为本”?大学教师队伍是由掌握各种学科及其专业知识的人员组成的,他们中的大多数接受过良好的高等教育和系统的专业训练。研究是大学教师的天职,教学是大学教师的本分,教育管理部门过多的考量会让天职和本分在不知不觉中“异化”。当一个大学教师被考量指标压得喘不过气来的时候,他的教育能量自然会不断萎缩。反之,充分尊重教师的个性风格,着力强化教师的主体地位,尽量激发教师的创造意识,他的才智就可能得到最有效的发挥,他的人性就可能获得最完善的发展。因此,作为教育管理者,管理意识和服务意识应该齐头并进。一个好的教育管理者应该是教师的知心朋友，应该给予教师充分的信任，应该让彼此的心灵处于良性的沟通状态。一个理想的大学应该致力于给教师建构一个自由宽松的教学环境，营造一种"和而不同"的人文环境，让教师对学校生发一种自然的归属感。我相信，一个心情舒畅的大学教师在教学与研究中必能事半功倍。

何谓"以学生为本"？大学阶段是一个人主体意识确立的关键时期，我经常跟学生讲一句话："大学四年最重要的是学会让自己的脑袋长在自己的脖子上。"因为中小学阶段的学生在很多时候脑袋是长在家长或老师的脖子上的。所谓以学生为本，首先要充分尊重学生的主体意识，其次要关注急剧发展的社会现实需求。"乐学"是学生主体意识得以充分展现的前提，看似无用的兴趣比实用的功利更能激发学生"乐学"的潜质，因此善于发现学生的学习兴奋点是实现教育以学生为本的关键。当下的大学教育以实施专业教育为主，每个专业对于学生的培养都有一个基本要求，但同一专业的学生在基础、天赋、兴趣方面仍会呈现不同风貌。以我熟悉的中文专业的学生为例，有的喜欢天马行空的文学创作，有的喜欢长驱直入的学术研究，有的喜欢求变求新的广告创意，有的则安于循规蹈矩的公文写作……因此，在具体的教学过程中，教师一方面要让学生充分意识到掌握专业基本要求的必要性，另一方面要充分考虑学生的个性发展和社会对人才的多样化需求。时下流行的程序化评价过程和数字化评价机制看起来井井有条相当科学，但于学生的主体意识和个性发展其实并无多大益处。从根本上说，教改的目的是改革学生不满意的教育（教学）现状，精品课程的精华在于学生能从中获得自我发现的最大空间。当教改、精品课程作为项目化工程大力推进并与教师的教学业绩挂钩时，教改的具体落实和精品课程的课堂中心有时会变得无关紧要，那些完美的表格和精美的网站就有可能成为"看起来很美"却与学生关系不大的一次精心设计。

何谓"以人格为本"？中国古代思想家对人性有过一些基本界定，极具代表性的如孟子所谓"生之谓性"，荀子所谓"不事而自然谓之性"，在这些言说中，人性被理解为人之所以为人的自然属性。综观古今中外，教育于人性有防范、控制、改造、彰显等诸种功用，但最终都趋于向善。如果说关注人性是教育的起始点，那么教育的终点应该是实现人性的优化。而要实现人性优化，教育者需要充分认识、理解和尊重人性。人需要外在的社会尊重，更需要内在的心灵自由，两者都需要得到教育的滋养。理想的大学教育是教育者把每一个人都当作独立的个体看待，充分尊重受教育的每一个人，尽最大可能把心灵的自由还给每一个人。社会学家潘光旦先生曾经明确提出教育必须以每一个人为目的，必须在每一个人身上着手。他认为教育的最大目的是促进个性发展，教育的最终目的是让受教育者完成“自我”，把自我推进到一个“至善”的境界，成为“完人”。专门人才必须完成人的教育后才能成为完整的“人”的意义上的专才，否则只能是优良的工具。致力于科学研究的爱因斯坦也有一句名言：“学校应该永远以此为目标：学生离开学校时，是一个和谐的人，而不是一个专家，更不能成为一只受过很好训练的狗。”这些贤哲的话让我想起蔡元培先生 1917 年在北大的就职演说：“诸君为大学生，地位甚高，肩负重任，责无旁贷，故诸君不惟思所以感己，更必有以励人。苟德之不修，学之不讲，同乎流俗，合乎污世，己且为人轻辱，更何足以感人。”虽然今天中国的大学教育已从精英走向大众，这些话听起来似乎有些迂阔，但我仍坚定地认为，把人格的培养作为大学教育的最终目的乃是大学的真义所在。蔡元培先生多次说：“人言有良社会斯有良大学，吾谓有良大学斯有良社会。”当今中国物质社会高速发展，社会道德却明显滑坡，许多年轻人在坐拥丰裕的物质时仍四顾茫然。对于这种趋向，大学有责任去努力扭转。而扭转这种趋向的起点便在于培养学生健全的人格。

（《温州大学报》第 107 期，2012 年 6 月 15 日）

孙秀丽,女,1980 年出生,副教授,温州大学步青学区党团建办公室主任,温州市“551 人才工程”第三层次培养人选。主要研究方向:大学生创业教育、大学生思想政治教育。曾主持并完成厅局级项目 6 项,作为主要成员参与国家社科基金项目一项,在国内刊物发表论文 16 篇,其中核心刊物 6 篇,EI 收录 1 篇;指导学生参与浙江省新苗人才项目结题 2 项,校级课题结题 8 项,指导学生公开发表论文 5 篇。曾获得浙江省优秀辅导员、浙江省第一届辅导员技能竞赛二等奖、浙江省暑期社会实践先进个人等荣誉称号。

“90后”大学生的社会主义核心价值观教育

孙秀丽

党的十八大报告对社会主义核心价值体系建设做出重要部署，并要求“深入开展社会主义核心价值体系学习教育”，提出“倡导富强、民主、文明、和谐，倡导自由、平等、公正、法治，倡导爱国、敬业、诚信、友善，积极培育社会主义核心价值观”。“90后”大学生正处于世界观、人生观、价值观塑造阶段，他们的思想状况、道德素质、理想信念等的发展直接关涉到我国的未来。把握大学生的特点，将社会主义核心价值观融入高校思想政治教育的全过程，培养社会主义的合格建设者和可靠接班人，是社会主义核心价值体系建设的重要内容。

一、宣传：以丰富的渠道搭建平台

利用课堂教育主场。课堂教学既承担着对大学生传授科学文化知识的重要任务，又承担着对大学生进行思想政治教育的重要任务。“90后”大学生的社会主义核心价值观教育，必须充分发挥课堂教学主导作用，在传授专业知识过程中加强思想政治教育引导，使大学生确立正确的世界观、人生观和价值观。积极开展马克思主义立场、观点、方法教育，党的基本理论、基本路线、基本纲领和基本经验教育，中国革命、建设和改革开放的历史教育，基本国情和形势教育，人文素质和科学精神教育。

挖掘高校校园媒体功能。校园媒体是高校思想政治教育和舆论引导的有效载体，通过校报、校园广播电台、电视台、校园网、社团报刊、院(系)报刊、班级墙报、宣传橱窗、宣传条幅等平台，树典型，做专访，开座谈，展辩论，全方位、多角度、形象化地对学生进行社会主义价值观教育,强化其形成正确的社会道德观念,促进其树立正确的人生观和价值观。同时,通过及时跟踪报道与学生密切相关的教学活动、社团活动、社会实践活动等,帮助大学生从心理上对是非、美丑做出正确的判断和选择,形成正确的道德观念。

构建学校、家庭、社会紧密协作的教育网络。只有把学校教育、家庭教育和社会教育有机结合起来,建立健全家、校、社三位一体的全方位思想政治教育体系,动员社会各方面的力量共同做好“90后”大学生的思想政治教育工作,才能使社会主义核心价值体系真正融入高校大学生思想政治教育全过程。

二、学习:以优秀的师资引导方向

专业课教师挖掘专业课程的思政教育作用。各类课程都蕴涵着丰富的思想政治教育资源,教师要积极在教学中深入发掘反映人类文明成果、弘扬民族精神、表现思想道德情操、体现科学精神、揭示事物本质规律的内容,在知识传授过程中对学生进行思想政治教育。要继承中华民族的优良师德,按照时代要求,努力提高思想政治素质和业务素质,树立“学为人师,行为世范”的追求目标,严于律己,以德施教,以高尚情操、丰富学识和人格力量影响教育学生。

思想政治学科教师发挥本学科知识在思政教育中的作用。建设一支坚持正确的政治方向、理论功底扎实的马克思主义哲学社会科学教学科研骨干队伍,充分发挥哲学社会科学学科课程在思想政治教育中的重要作用。思想政治学科教师要积极推进理论创新,回答大学生普遍关心的改革开放和现代化建设中的重大理论和实际问题,引导“90后”大学生树立正确的价值观、人生观、世界观,践行社会主义核心价值观的相关内容。

辅导员发挥自身优势做正确引导。辅导员是高校思想政治教育最基层的教育者,发挥着信息沟通的桥梁和纽带作用。辅导员最能掌握学生的思想动态,在大学生思想政治教育工作中具有十分明显的独特优势。辅导员不仅要掌握思想政治教育的基本理论和相关的专业理论知识,更要掌握适应不同工作对象的实践经验和应对各种具体鲜活问题的本领和能力,关心爱护学生,经常深入学生宿舍、教室、食堂等，掌握学生的纪律、学习、生活等方面情况，发现问题，及时解决。

三、践行：以多样的活动推动实践

开展丰富的校园文化活动。校园文化活动是高校思想政治教育与教学工作的结合点。校园文化活动补充了思想政治教育单纯从政治上考虑和处理问题、太不兼顾学生其他方面特点的缺陷。校园文化活动的开展在方法上的突出特点是寓教于文化，即通过文化教育、文化娱乐、文化感染等手段，来提高学生的文化素养和精神素质。

不断推进社会实践。让“90 后”大学生承担一定的社会责任，能够使他们在实践过程中进一步认识社会、认识自我，在社会动态的发展过程中不断提高耐挫能力，增强自信心，提高适应社会的能力。可以通过成立课外兴趣小组、研究会、社会调查、校外参观等多种方式，扩大学生的视野，将社会实践活动与学校教育相结合。

大力促进青年志愿者活动。青年志愿者活动是提高大学生思想道德素质的良好形式。在青年志愿者活动中，作为教育对象的大学生由客体变为主体，教育过程由单向变为双向，教育方式由被动变为主动，青年志愿者将理论付诸实践、将制约转化为自觉行动。这就使得“90 后”大学生产生正面的“内省”机制，有利于把思想政治工作落到实处，对加强和改进大学生思想政治教育工作有着较大的参考价值和实用价值。

（《温州大学报》第 147 期，2014 年 12 月 15 日）

孙芙蓉,女,1975 年 4 月出生,浙江平阳人,温州大学教师教学发展中心主任兼教务处副处长,教育学博士,教授,硕士生导师,中国教育学会教育学分会教学论专业委员会理事、中国教育学会教育学分会课程论专业委员会理事。在《教育研究》等期刊发表论文 30 余篇,主持全国教育规划教育部重点课题、浙江省哲社课题、浙江省教育规划课题等 10 多项。个人被评为浙江省首届五星级青年教师、温州市优秀教师,研究成果获浙江省社科联优秀成果奖、浙江省高校教科研成果奖、温州市哲学社会科学奖等多项荣誉。

大学教学管理职能的三个隐喻

孙芙蓉

在大学世俗化、功利化、行政化日益加重的时代背景下,如何引导教师坚持教学为要,心无旁骛地投入教学工作中,以教学为责、以教学为乐、以教学为荣,这是大学教学管理职能所要达成的最重要最核心的目标。本文试借隐喻的手法,用守望者、登山领队、脚手架这三个隐喻来表述大学教学管理职能,仅为个人对这一问题的内在理解与精神追求。

一、隐喻一:守望者

"守望者"这一隐喻化用自美国作家塞林格的著名小说《麦田里的守望者》。小说主人公霍尔顿的理想是当一个麦田里的守望者。他希望整天守在一块金黄色的麦田边,麦田边上是悬崖,麦田里有一群小孩子在做游戏,他的职务就是在那儿守望,要是哪个孩子往悬崖边奔来,他就把孩子捉住,送回到麦田里去。霍尔顿想当麦田的守望者,就是想保护孩子们的纯洁与天真。守望者的职能是保护一切真善美的事物,本文将之用到大学教学管理中,喻指大学教学管理需要承担起教师职业良心守望者这一职能,保护教师的职业良心。

良心是一个最古老的道德范畴,教师的职业良心是教师职业道德规范体系的一个重要范畴,具体指教师在教学实践中,在履行对他人、对社会的教学义务时所形成的道德责任感和自我评价能力。因此,当教师是个"良心活",教师会对自己进行道德自律,会自觉规定自己必须要完成的任务和责任,如果做不到,教师便会对自己产生消极的自我评价,进而会产生不安、愧疚等负面情绪,觉得对不起自己的良心。所以说,职业良心是教师职业品质中最可贵最美好也最脆弱最需要保护的东西,霍尔顿守望着麦田是为了孩子们能够带着纯洁、美好的心灵在麦田里自由地游戏而不会跌落悬崖,大学教学管理工作则要发挥“守望”职能,让教师能够怀着朴素而美好的职业良心自由地进行教学而不会滑落到世俗与功利中。为此,需要做两方面的工作:一是“望”,在汉语中,“望”即远视,就是远远地看,当教师处于正常工作状态时,教学管理要在信任教师职业良心的基础上充分尊重教师的教学自主权,不直接干涉教师的教学,让教师充分自由自主地开展教学;二是“守”,在汉语中,“守”是保护的意思,当教师受到各种不利因素影响而要跌落到世俗与功利中时,教学管理要在理解教师困难与无奈的基础上竭力保护教师的职业良心,采取各种措施及时阻止教师工作中有损教书育人的各种不良行为的发生。

二、隐喻二:登山领队

“登山领队”这一隐喻化用自隐喻“教学即登山”。日本著名教育学者佐藤学在论及课程时认为,在传统的“阶梯型”课程之外应创造“登山型”课程,因此,教学即登山,教学就是要让学生通过多种途径到达目的地。在“登山”过程中,教师作为领队,兼具引领者和同行者的双重身份,即教师引领并陪伴学生一起登向山顶,完成教学任务。本文将“登山”这一隐喻引入大学教学管理工作,将大学教学管理职能隐喻为“登山领队”,喻指作为学术共同体的大学应当去行政化,如同登山领队服务于登山队伍,教学管理需要服务于教师教学工作,承担起教师职业生涯规划领队这一职能,具体而言,可以做三方面工作:

一是引导,其核心工作是构建愿景。结合上文“守望者”中那片在悬崖上的麦田,麦田在悬崖边,也就是在山上,此处继续借用“麦田”来喻指教师职业生涯的美好愿景。教学管理需要向全体教师描绘那片教师可以秉着职业良心自主进行教学的“麦田”,构建一个适合所有教师职业发展的美好愿景,即教师只要把主要精力投入到教学工作中,就能够既实现教师自我价值,又获得学校的认可,从而获得职业幸福感。

二是带领，其核心工作是设计路线。在引导教师准备“登山”之后，教学管理需要做好登山路线的设计工作，即分层、分类带领教师设计自我职业发展规划。

三是陪同，其核心工作是协助教学。当每位教师按照自己的路线开始“登山”时，教学管理需要协助教师开展教学，成为教师职业发展之旅忠实的同行者。那么，教学管理如何协助教师开展教学工作，可以说除了常规的教学管理之外，更需要做教师专业发展的“脚手架”。

三、隐喻三：脚手架

脚手架(scaffold)，是指施工现场为工人操作并解决垂直和水平运输而搭设的各种支架。美国著名的心理学家和教育学家布鲁纳最早从建筑行业借用这一术语，将之用在教育领域，用以喻指教育活动中社会、学校、家庭提供的各种促进学生发展的“辅助物”，借由这个“辅助物”，学生可以完成原本自己无法独立完成的任务。本文借用这个隐喻，喻指教学管理要承担起教师专业发展“脚手架”的职能，即当教师在教学专业发展中遇到自己无法独立完成的任务时，教学管理部门要及时提供各种“辅助物”，即支持和帮助，让教师借这个“脚手架”渡过教学工作难关，完成职业发展的“登山”之旅，抵达那片金黄的“麦田”，实现自己专业发展。对此，需要说明的是，如果把“脚手架”同上文中的“登山”意象相结合，也就可以用“登山杖”来替代“脚手架”。就学院教学管理层面而言，搭好“脚手架”需要做两方面工作：

一方面，选择合适的搭建地点，也就是教学管理需要知道教师有哪些帮助需求。为此，要建立一个能够与教师进行及时、便捷、畅通交流的渠道，比如设置学院教学专属电子信箱、学院网站教学信息公示栏、教学管理人员手机 16 小时待机制等，让教师既能及时、全面获得最新最重要的学院教学信息，又能通过多种途径向学院教学管理部门反馈个人信息。

另一方面，提供多种类型的“脚手架”供教师选择，即要主动设计各种支持策略和措施。主要有两种：第一种，预设型“脚手架”，也就是学院预先搭好“脚手架”，鼓励教师凭借这个“脚手架”获得学院支持，提早就需要解决的困难问题、瓶颈问题设计好解决方案。这种“脚手架”一般采取项目预研制,每年度通过项目申报、审批、立项的方式给予教师人、力、物等各方面支持。第二种,即时“脚手架”型脚手架,也就是根据教学工作中临时、突发的事件快速搭建“脚手架”,及时、高效解决问题。这种即时型“脚手架”一般采用专人负责制,根据具体情况由主管教学的院长、专业负责人或者申请教师担任负责人,学院教务科等其他部门予以全力配合和支持。

四、结语:希望不仅仅是一种精神性存在

在高山的悬崖边,有一片金黄色的麦田;在登山领队的引领、陪同与协助下,有一群人怀着虔诚而美好的心灵,借着登山杖的帮助登上了山顶,抵达了这片麦田;在麦田里,他们自由地奔跑,嬉戏,麦田很美,人们很开心;这时,登山领队就站在悬崖边,守望着这片美丽的麦田——如果说教育是农业,麦田是教师期待的美好职业境界,教师是登山者,那么,教学管理就是那位登山领队、那根登山杖和那位麦田的守望者。

(《温州大学报》第132期,2013年12月30日)

内守外护　持心若水

孙芙蓉

“先生之风，山高水长”，是自古以来人们对心目中景仰的好老师的高度评价。相对来说，大学老师既因为较长的学习经历容易做到“学高为师”；同时，也因为较重的科研压力难以保持“师心如水”。因此，大学要想拥有越来越多的好教师，特别需要教师与学校共同守护师心。

一方面，作为师心的拥有者，大学教师需要守心、修心。

守心是底线，作为教师，教学就是最重要的本职工作。大学教师如果没有充分意识到这个工作职责，那么就很容易突破底线，失去师心，出现“无心教学”的状态。心不在焉，自然就会对学生“视而不见”，对教学敷衍了事。一旦底线失守，师将不师。

如果说守心是教师之为教师的底线，修心则是教师成为好教师的法宝利器。修炼师心，既需要静坐常思己之过，时常反思自己作为教师的所言所行；同时也要与善为友，择善人而交，择善书而读，择善言而听，择善行而从，加强学习，通过各种途径学习优秀教师的精神品行，不断提高自己的师德师风。

另一方面，作为教师从教的工作单位，大学则需要为教师创造、不断改善良好的工作环境，做到护心、暖心。

大学虽然兼具人才培养、科学研究、服务社会等多种社会职能，但人才培养永远是大学的首要职能，如果失去这个职能，大学只能是科研机构或者社会服务机构，而无法称之为大学；而大学做好人才培养工作，则必须保护好教师的为师之心，让教师把心主要用在教书育人的工作上，具体而言，大学在价值取向上要清楚认识到教学是教师最重要的工作，在行动上要制定各种政策、制度，将教学工作作为评价教师的第一尺度，引导、督促教师安心教学。

如果说大学护心工作重在使教师安心教学，那么大学还需要进一步开展暖心工作，使教师发自内心地感受到从事教学工作后带来的温暖，或者说由教学工作内在产生的正能量，这种暖意或正能量会使教师真正爱上教学工作。如何暖心，其根本点在于大学真正尊重教师的教学工作，如此，才会在方方面面、大大小小的工作中体现对教师的尊重，尽最大力量解决教师在教学中碰到的各种困难问题，让教师真正感受到作为教师的尊严和幸福。

概言之，守护师心，教师为内，守心、修心；学校为外，护心、暖心。守心、护心是教师成为教师、大学成为大学的基本前提，修心、暖心则是教师成为好教师、大学成为好大学的自觉追求。如此，内守外护，夯基固本，大学当能安之若素，坚守本色，不断发展；教师当能持心若水，安心教学，臻于上善。

（《温州大学报》第 153 期，2015 年 4 月 30 日）

吕信恩，男，浙江温州人，毕业于北京师范大学心理学院，心理学硕士，在一线从事大学生心理咨询与辅导工作近十年。曾获得第二届全国高校辅导员职业能力大赛优秀奖、浙江省第六届微型党课授课大赛优秀奖、浙江省高校优秀“学生社团指导老师”等荣誉，曾在多家媒体、报刊开设心理专栏。现为温州大学心理咨询师、辅导员，超豪学区心理与资助发展中心副主任，“吕哥心理工作室”负责人。著有长篇校园心理小说《花开有时》，专著《还心灵一抹绿色：大学生心理咨询手记》。

让诚信成为一种生活习惯

吕信恩

通俗地说，“诚”即诚实诚恳，“信”即信用信任。“诚”更多地指“内诚于心”，“信”则侧重于“外信于人”。因此，诚信是一个内外兼修的词汇，其基本含义是诚实无欺，讲求信用。人的身份可以多元，才能可以各异，但对每个人的诚信要求则是一维的，诚信乃公民的第二个“身份证”。

“烽火戏诸侯”令周幽王失去了江山，“立木取信”让商鞅赢得了人心。千百年来，诚信被中华民族珍视为自身的行为规范和道德修养。

然而，在经济高速增长和社会急剧转型的当下，诚信正在面临着前所未有的考验。社会上，一个个诚信缺失的案例正在威胁着我们正常而美好的生活，“吃动物怕激素，吃植物怕毒素，喝饮料怕色素”，“老人摔倒了，扶还是不扶”……校园内，逃课、考试作弊、论文抄袭也并非鲜见，说假话骗师长的有之，不拘“小节”占公为私者有之，说一套做一套言行分裂者有之……凡此种种，既有违我校“光大国族、造福人群”的大学精神，也严重影响到学校正常的教育教学秩序，更是对我校师生良好形象的巨大破坏，可谓危害大矣。

正是在这样的背景下，学校于 2012 年年底尝试性地推出“诚信五件套”项目。为学生提供免费使用的“诚信自行车”“诚信雨伞”，不上锁，不登记，自由领取，用后自由归还；为学生提供“诚信小超市”“诚信打印机”“诚信体育用品”，没有管理服务人员，不装摄像探头，学生自主接受服务，自主支付货款和服务费用。而只是在这些物品上贴上一句温馨提示语：“我们相信你，请用行动回答。”“诚信五件套”，打磨的是学生日常行为中的诚信习惯，培养的是现代公民良好的品德素质，传承的是中华民族良好的诚信文化。

项目至今已实施了一年半的时间。首次投入使用的40辆“诚信自行车”,虽然旧了,但都还“健在”;首次购买的40把“诚信雨伞”一起投入使用,仅遗失了3把;“诚信小超市”和“诚信打印机”略有亏损,但收支基本平衡;“诚信体育用品”虽然损耗较大,但数量上不减反增——一些同学将自己的体育用品不记名地“摆到”了体育用品架上。

项目推行既让我们看到了温大学子诚实信用的一面,但也让我们发现尚存的一些问题。诚信不是刻意为之,而是通过长久以来的学校教育、个人感悟等慢慢积淀出来的一种生活习惯,是珍藏在人们内心最深处良知的自然反应,需要在人的日常生活中,日积月累地培养。

一生讲诚信,方可“仰不愧于天,俯不怍于地”。愿诚信成为所有温大师生的生活习惯。

(《温州大学报》第136期,2014年4月15日)

牟德刚,教授,硕士生导师,现任温州大学党委副书记。多年来一直从事中国特色社会主义理论和高校思想政治工作教学与研究。先后参与多项国家级、省级课题的研究,有专著和多篇论文在省、市获奖。近年着重于中国特色社会主义理论通俗化和普及工作。在教育实践中有强烈的事业心和责任感,课堂上语言规范健康,以身作则,注重身教。曾获省级优秀党务工作者称号,温州市第五轮拔尖人才称号。

坚持立德树人　大力弘扬传统文化

牟德刚

2014 年 3 月，教育部印发了《完善中华优秀传统文化教育指导纲要》，提出加强中华优秀传统文化教育，是深化中国特色社会主义教育和中国梦宣传教育的重要组成部分，是培育和践行社会主义核心价值观，落实立德树人根本任务的重要基础。要求高校把优秀传统文化的普及教育提上议事日程，培养大学生文化创新意识，增强传承弘扬中华优秀传统文化的责任感和使命感。我曾率队走访山东省的临沂大学、曲阜师范大学和枣庄学院，学习兄弟院校如何将优秀的传统文化切实融入当代大学教育实践之中，以优秀的文化塑造大学生的心灵与人格，受到极大的启发。

传统文化可以满足人的心理需要，也能挖掘和开发人的潜能，而且随着传统文化的发展与创新，人的价值感知能力也能够随之发展。高校之所以要普及传统文化教育，从宏观的大学生思想政治教育看，传统文化与中国梦、社会主义核心价值观有着内在的联系；从微观的大学生道德教育看，高校道德教育的对象是充满朝气的人，不是冷冰冰的容器，更不是机器。高校道德教育要关注青年学生的现实生存状态与精神诉求；关注青年学生的道德需求；培育年轻人的德行品质；引导他们学会选择、甄别和判断；教育他们自觉追寻美德，积极向善，过一种有道德的生活。中国传统文化就具备了这种价值导向。习近平总书记在中央党校建校 80 周年庆祝大会暨 2013 年春季学期开学典礼上的讲话中明确指出："中国传统文化博大精深，学习和掌握其中的各种思想精华，对树立正确的世界观、人生观、价值观很有益处。学史可以看成败、鉴得失、知兴替；学诗可以情飞扬、志高昂、人灵秀；学伦理可以知廉耻、懂荣辱、辨是非。"所以，优秀传统文化可以使大学生构建理想人格、积淀人文素养和培养创新能力，帮助大学生健康成长成才。

联合国教科文组织在《学会生存》一书中指出："人类要发展，一方面要面向未来，另一方面要回到人类的源头，向我们的先辈吸取智慧。"然而，在当下的大学校园里，学生重专业知识、轻传统文化的现象屡见不鲜。众多大学生对西方文化趋之若鹜，对中华民族传统文化要么知之甚少，要么一知半解。针对此类现象，中国社科院曾进行过一项调查，结果显示，在接受调查的大学生中，偶尔翻阅经史子集等传统经典书籍的为 75.4%，敬而远之的为 16.4%，从来不看的为 5.8%，经常翻阅的仅为 2.4%，而对于传统文化的发展前景，仅有 7%的被调查者表示乐观。为此，2014 年 6 月在天津举行的"传统文化与大学教育"高层论坛向全国高校发出倡议：大学教育作为国民教育的最高层次，在继承和发扬中华优秀传统文化方面负有不可推卸的责任。

临沂大学大力弘扬沂蒙精神，建立了博物馆，把党的艰苦奋斗精神和军民鱼水情展示给广大师生；曲阜师范大学利用孔子故里的地域优势，建立许多弘扬和实践传统文化的平台、阵地，还把《论语》设为必修课；枣庄学院建立世界语博物馆，向学生展示中国近代以来仁人志士奋发图强、走向世界的历程。由此可见，传统文化可以是中国先秦的典籍思想，也可以是近代中国自强不息的精神，更可以是中国共产党为中华民族奋斗的历程。高校开展传统文化教育，可以开设与传统文化有关的课程，组织各类传统文化讲座和一些传统文化知识竞赛，在校园里形成浓厚的传统文化氛围。还要引导大学生在学好专业知识的同时，加强传统文化的学习，多阅读与传统文化有关的书籍，参加与传统文化相关的活动，培养对传统文化的兴趣，坚定对传统文化的自豪感，争做传统文化的继承者和发扬者。

温州具备丰富的传统文化资源，古代有叶适哲学思想和刘伯温谋略思想，近代有大儒孙诒让和启蒙思想家宋恕、实业家黄溯初，还有红色文化——红十三军和浙南挺进师，等等。我们应该站在践行社会主义核心价值观的高度，坚持"古为今用，推陈出新"的原则，使中华传统文化进课堂、进教材、进头脑，引导学生修身、明德、正心、诚意，举凡持身、治学、接物、待人，皆能受到传统文化涵养，养成完整独立之人格，使大学生素质得以提高，爱国主义精神得以弘扬，自强不息的精神得以传承，以德为本、仁爱兼爱的人文精神得以千古流传。

（《温州大学报》第 152 期，2015 年 4 月 15 日）

张小燕，温州大学马克思主义学院教授，硕士生导师。温州市第十届政协常委，温州市第十届政协社会与民族宗教委员会副主任(兼)，第二届世界温州人大会理事。长期从事中国现代史、中共党史及毛泽东思想概论教学与研究工作，被国家教委、国家人事部命名为全国优秀教师，全国教育系统巾帼建功标兵，曾获得宪梓教育基金三等奖，温州大学第三届华峰品德奖，2013—2014 年度浙江省教育系统“三育人”先进个人，浙江省知联会先进个人，温州市“百名党外人士建功工程”示范典型，温州市关工委优秀宣讲员等荣誉称号。

教师心中两本书

张小燕

做了大半辈子的教书匠，突然接到约稿电话，要求谈谈教学理念和心得体会，说说对教育发展、人才培养的观点和看法，一时觉得无处入手，无从下笔。想到我去年在学校教师教学发展中心第二期《教学工作坊》做过题为“教师心中两本书”的同仁交流，便依其内容再次向大家做汇报。

教师心中两本书，一本是教书，一本是读书。

我没有很高的觉悟，只觉得教书是个良心活儿。其实良心不是对得起别人，更多是对得起自己，很自私地寻求自我心理平衡而已。人们历来对教师的期望值很高，将“为人师表”作为教师的形象化身，全社会都可以浮躁地随波逐流，唯独期待人民教师守住心灵的“绿洲”，哪怕是剩下很小很小的一块。我认为，无论师德地位有多高，师德意义有多重，最终的价值都在于每一所学校的每一位教师将师德力量作用于每一个学生，正如有人形容的，医德十日之间见生死，官德十年之间见治乱，师德百年之间见盛衰。

教师凭良心教书，前提是用心读书。个人的阅读兴趣和阅读半径自然因人而异，但我认为作为一名思政教师，至少要读好教科、课外、时政、乡土和学生等五本书。读透教科之书给学生提供纯正的养料，读广课外之书给学生提供丰富的养料，读勤时政之书给学生提供新鲜的养料，读熟乡土之书给学生提供原生的养料，读懂学生之书给学生提供可口的养料。

读透中学、本科、考研三个阶段的教科书给学生提供纯正的知识养料。喜新厌旧是人的天性，信息重复输入更是学习之大忌。如何规避大学政治课的内容和中学之间的框架重叠和内容重复，使之有机地嫁接和延伸，教师起码要及时准确地了解中学政治教材的版本、大纲及具体内容,还要拥有几位在中学任教政治的朋友,经常交流中学政治的变迁和走向。承上要阅读中学教材,启下就要了解考研政治复习教材,将其适度植入本科教学,为学生考研深造奠定基础,获得一举多得的课堂效益。当下的公共政治课堂,学生不拿教材,不做笔记几乎是普遍现象,那么教师要驾驭教学,驾驭课堂,更需要驾驭教材,张弛有度地对本科教材进行重组和重构,梳理碎片化的知识,重塑系统化的秩序,填充教材断层,修补教材瑕疵,给学生点、线、面交织融合的,完整的知识体系。

读熟温州这本乡土之“书”给学生提供原生的知识养料。蔡袁强校长说过我们温大教师要吃温州的饭,干温州的活,说温州的话。温州是市场经济的范本,是一部鲜活的改革教科书,我们有责任也有义务走近“温州人”,阅读“温州”这本书,汲取地域精神养料,接上地气,聚了人气,才有生气。

温州浓郁的地域文化特色,养育了“温州人”这一特殊的文化族群,他们重情尚义,笃系宗亲,嗅觉敏锐,精明实干。“温州人”三个字成为个性十足的文化符号,构成一个纷繁复杂的矛盾综合体:自恋又好学,硬气又善良,时尚又原始,务实又务虚,关系又契约,功利又仗义,抱团又独立,数学又文学,创新又传统。作为一名客籍教师,我很渴望了解“温州故事”背后的“故事”,主动带领学生走出校门,走进温州的机关、企业、部队、农村、街道、社区,执笔起草《温商宣言》并为首期全国异地温州商会会长班开设专题讲座,更多获悉了温州商人的原生状态。温大始祖黄溯初、国旗之父曾联松、科学楷模谷超豪等温籍学人一一走进我的课堂,丰满的乡土人物,丰富了教学内容,丰硕了学生收获。当然“温州”这本厚墩墩的教科书,对我而言,才刚掀开扉页。

读懂学生之“书”给学生提供可口的知识养料。多年的讲台生涯,一直感觉比较了解自己的教育对象,但进入“大 V”当道的微时代,完全读懂“80 后”“90 后”这本“书”还真比较难。我尝试着贴近他们,适应他们。其实新型的师生关系,在某种程度上讲可能不是学生适应老师,而更多的是老师适应学生,当然适应不是无休止的让步,对学生一丝不苟的严格要求永远是老师的基本职责。

首先是教育理念的坚守与转轨。十分认同有学者关于“教育就是培育人的精神长相”的教育观。大学是精神的殿堂,科学教育让学生求真,人文教育让学生求善，艺术教育让学生求美，在学生的心灵播撒精神的种子。那么，究竟把超级自我、个性张扬的新生代培育成什么样的精神长相？个人认为虽然目前中国教育界还在各抒己见与共识达成的讨论中，还在旧轨已破与新轨未立的纠结中，但有一点需要坚守的，那就是大学精神的本质，一定不是让学生变得更加深奥更加精明，而是复苏学生多年被应试教育磨损的那些天性和天真。唯有天真的人，才会无穷尽地去追问科学之道，那些“成熟”的人永远在说存在的是合理的，而合理的就不必去追究，不必去改变。“敢为人先，求学问是”的温大校训激励我们去探究，去改变，去创造。政治课的原则之一是“宣传有纪律，学术无禁区”，要鼓励学生发扬“三不”精神——不唯师，不唯上，不唯书。不唯书，不是不读书，而是要潜心读书，横扫温大图书馆，在大学黄金时代增加终生保值的含金量，积累有效学识，坚守独立人格，培养思辨能力，塑造人文情怀，寻觅自我兴致，培植起终生关照的学术生长点。

其次是教师角色的重塑与转换。互联网带来的铺天盖地的知识与信息，打破了知识代际传承的传统模式，面对一群“数字原住民”，一支教鞭挥舞一堂课的时代已经结束，一个讲台一个教师的独角戏也日益落幕，不经意间教师的角色已经由主演转变为导演，学生不再永远坐在观众席和听众席，他们登上讲坛挥斥方遒，成为课堂的主人，成为学习的主角。教师由主演到导演的角色转换，既要实质性地全面提升整体素养，又要平和地放下身段，走出“师道尊严”的潜意识，真诚面对并接受师徒间的“文化反哺”。

再次是教学方式的探索与转变。讨论式、辩论式、讲座式、交互式、情景式、专题式、调研式等个性化和适应性学习方式的探索，满足了新生代强烈的参与意识和表达欲望。专题调研的开展和小型论文的撰写，开启了学生“大胆假设，小心求证”的学问心路，学术思考、田野调查和著述行文的初练，引导学生成为知识的主宰而不是知识的奴隶。

伴随教学方式由单一到多元的立体变迁，教学场所也在交替转场和不断扩充。春暖花开季节以“春风进校园”为题，秋高气爽之时以“收获在温大”为题的校园文化调研，使学子们的脚步踏遍学校的每一个角落。他们用目光丈量着母校的前世今生，他们以独特的审美和时尚的手法，记录了校园的水、石、树、花、桥、路、亭、湖、雕、堂、馆，如步青路、溯初亭、明心湖、育英大礼堂、校史馆及校门雕塑等，优美的自然风光和壮丽的人文景观，给在校生这一最活跃的校园文化符号留下了最真实的校园记忆。有同学说，做过《温州大学路牌文化》课题，再看学校的一草一木感觉都不一样了。从教室到校园，从校内到校外，走近社会，亲近民众，课堂边际不断扩展，学子心态日趋开放。他们以更加谦恭的目光阅读“温州”这本书：民营企业现场教学、“创二代”现身说法、“红日亭”实地考察、“绿眼睛”对面交流、撰文参与温州慈善研讨会、以市民身份旁听温州市“两会”等。学生在色彩斑斓的社会课堂中，在丰富多彩的心理交往中，增长了见识，历练了胆识，动脑、动笔、动手、动口，全方位地调度了学习激情，在自主学习与合作学习中享受着快乐学习。

（《温州大学报》第 127 期，2013 年 10 月 15 日）

李方强,男,汉族,1973 年生,浙江平阳人,中共党员,现任温州大学超豪学区党委书记、主任,教育学副教授。曾获浙江省高校优秀党务工作者、温州大学首届“最受学生爱戴老师”等荣誉称号。一位在高校思想政治教育工作战线上努力俯首耕耘、痛苦抬头思考的实践者。

高度的职业认同感:当一名好教师的心理基础

李方强

“如何当一名好教师”和“怎样的教师是一名好教师”是两个不同的命题。这两个不同的命题有一个共同的特点,就是答案的多样性。好教师应该是怎么样的?2014 年教师节前夕,习近平同志在北京师范大学师生代表座谈会上的讲话中提出了好教师的四个标准:要有理想信念、要有道德情操、要有扎实学识、要有仁爱之心。作为一名高校教师,如何才能具有这四种特质呢?

在我看来,当一名好教师的基础和前提是要有高度的教师职业认同感。

所谓教师职业认同感,指的是教师在内心对所从事的职业的价值与意义的认定,并能够从中体验到乐趣与幸福的一种心理状态。教师职业认同感包含“认”和“同”两个层面。“认”是指正确地认识教师职业,包括对教师职业的意义、价值、职责、角色要求、行为模式等的全面正确认识。这种“认识”是深深根植于心的。“同”是指赞同所认识的教师职业,并努力在日常教师职业角色践行中体验乐趣、感受幸福。这种“赞同”是内化为信念的。

高校教师的职业认同感,不仅是对高校教师行业的认同,还应该包括对所任职学校的认同和对所从事的具体岗位的认同。有些高校教师,对高校教师的行业具有高度认同感,但是对自己的学校认同度不高,或者是虽然对高校教师的行业和所任职的学校有比较高的认同感,但是对自己所从事的具体教师岗位认同度不高(科研型教师还是教学型教师,专业课教师还是公共课教师,思政教师还是辅导员等),他也是无法成为一名高校好教师的。

职业认同感对每个职业的从业人员都很重要。教师是一种特殊的职业,它不仅关乎教师自身的未来发展,对学生进而对整个社会形态的未来的影响更是长远而不可逆的。高校教师,在整个教师类别中承担的职责最为复杂多样。因而,坚实的职业认同感,对于“如何当一名好教师”,尤其对于“如何当一名高校好教师”尤为重要。

高校教师唯有建立高度的职业认同感,才能主动地不断地完善自我、发展自己,努力让自己具备一个好教师应该具备的特质;高校教师唯有建立高度的职业认同感,才能在工作中尽自己所能全面履行教书、育人、科研、社会服务、文化传承的职责;高校教师唯有建立高度的职业认同感,才能在工作中表现出“热爱学校、尽心工作、同事协作、自我发展”的良好教师职业行为特性。

从实际层面看,每个高校教师进入教师职业的动机和初衷是不同的。有些是出于对教师职业的热爱和对教师职业崇高性的向往,有些是出于对高校教师较好的职业谋生特性的考量,有些是觉得自己性格特质只适合做老师……因此,在进入教师队伍之初,每个教师的个人职业认同感是不同的。教师职业认同,既指一种过程,也指一种状态。“过程”是说教师从自己的经历中逐渐发展、确认自己的教师角色的过程。“状态”是说教师当前对自己所从事的教师职业的认同程度。因而,不管是基于什么考量进入教师队伍,不管进入教师队伍之初的教师职业认同感如何,在职业生涯中,绝大多数都需要不断坚实自己的职业认同感,以期达到良好的职业认同状态。

有学者指出,职业认同感有两种状态,一种是“用生命回应职业的需要”,另一种是“用职业实现生命的价值”。第一种状态中,教师职业被作为一种谋生的手段,工作和忙碌只是源于外在的职业要求,一旦得不到应有的报酬、职称、荣誉等,就很容易失去价值感;第二种状态是通过职业体现生命的价值,这类教师在教育中实现了自我,在他内心,教育本身就是很有价值的、很有意义的事情。

我想,一名高校教师,如果能高度认同高校教师的职业,高度认同自己工作的学校,高度认同自己当前从事的岗位,“用职业实现生命的价值”,他或她,自然就能成为一名高校好教师了。

(《温州大学报》第 158 期,2015 年 9 月 30 日)

陈安金,男,1965 年出生,浙江乐清人,毕业于浙江大学哲学系,哲学博士学位,教授。现任温州大学党委委员、研究生部主任、党委研究生工作部部长,系浙江省宣传文化系统“五个一”理论人才。曾获得浙江省社科联青年社科优秀成果奖一等奖、浙江省第十二届哲学社会科学优秀成果奖三等奖、浙江省第十五届哲学社会科学优秀成果奖三等奖等。主持完成国家社科基金项目“唐宋温州区域文化崛起的考察——以永嘉学派为中心”“儒学传统的近代转化研究”,主持在研浙江省重点创新团队项目——“文化视野下的世界温州人研究”。已发表(出版)了 50 余篇(部)学术论文(著),其中十几篇文章在国家一级期刊发表。主要研究方向为中国史、中国区域思想文化史、伦理学等。

从“星空”“道德法则”到师德

陈安金

伟大哲学家康德在《实践理性批判》的结尾处留给我们这样一段脍炙人口的名言:“有两样东西,我们愈经常、愈持久地加以思索,它们就愈使心灵充满始终新鲜、不断增长的景仰和敬畏:在我之上的星空和居我心中的道德法则。”很少有人读到这段话时不被它打动心弦。

在我之上的星空与居我心中的道德法则,代表了康德哲学的两大主题,这就是自然与自由、感觉世界与理智世界,它们都与我们的生存意识息息相关。虽然这两个世界都与我的存在有着极为密切的关系,但是它们对我的意义却截然不同。就有形的感觉世界而言,我们作为自然中的一个成员与其他一切自然存在物一样,只不过是自然无穷无尽的因果锁链上的一环。在浩瀚无边的宇宙之中,我们的家园——地球,不过是沧海一粟,一颗无足轻重的尘埃,我们自己则是活动于这粒尘埃上的微不足道的渺小生物。然而就那无形的理智世界而言,情况就发生了变化。因为这样一个超感觉世界向我们表明,人不仅是自然存在物,而且是理性存在者,而作为理智世界中的一员就无限地提高了他所拥有的人格、理智的地位和价值。在人格中,道德法则的自律性呈现出某种独立于动物性、乃至独立于全部感觉世界的生存方式,它表明作为理性存在的人具有自己为自己立法,完全由其自身决定自己存在的真正的自由。当他遵从道德法则行动的时候,他就摆脱了仅仅作为一个“物件”的他律地位,而具有了超越于一切自然存在物之上、不受自然限制的自由和尊严。当然,我们不可能从认识上来确证这个理智世界的实在性,但是在实践领域上,它至少可以通过道德法则所引出的“至善”而推导出来,而且这个终结目的决不仅限于今生今世的条件与界限,它使“我”的存在指向永恒。

实际上，康德不仅将“在我心中的道德法则”与“头上的星空”亦即无限的宇宙相提并论，甚至认为道德法则要高于自然法则，因为它真正体现了人的价值和尊严。人以渺小有限的身躯，竟然胆敢与宇宙自然法则抗衡，不顾自然的限制，响应理性“应该”的号召，遵循道德法则而行动，因此唯有人才有尊严。遵循“心中的道德法则”乃是人之所以为人的最起码、最基本，同时也是最值得自豪、最崇高的情操。

对广大教师来讲，仰望“星空”和依循“心中的道德法则”就不仅仅是一种哲理的遐思，更不是一句空洞的口号，而是崇高完满的理性实践，是实实在在的行为、脚踏实地的工作。教师是人类灵魂的工程师，师德则是人类灵魂的工程师的灵魂，它是一个教师的精神支柱，是把教师与学生真正融合为一体的精神纽带。师德贯穿于一切具体教学活动过程，永恒存在于整个人类教育事业中。对于一个理性的人而言，没有人之德，则不成其为人；对于一个教师来说，没有师之德，则譬如人之没有魂灵，不配称教师，也不配称真正意义上的人。教育是一方充满理性的天地，也是一方包含情感的空间。教师应以身示范，培养自己良好的师德，在师德中体现自我价值，实现良好的教育的目的。

师德体现在方方面面，从理想的角度，笔者认为可概括为以下四字：品、智、能、表。

所谓品，是指师品。高尚的道德情操是教师人格力量的重要内涵。只有在有品德的人身上，我们才能看到睿智和理性发挥出伟大而高尚的作用。学生接近教师有很多原因，除了品德，教师的学识、权力、外表等都会成为促使学生接近的因素。但学识只能满足学生一时的求知愿望，权力只能维系短暂的顺从与亲近，外表只能吸引肤浅的注意，真正打动学生内心的，是品德的力量。这种力量才是长久的，它将影响学生的一生，是学生未来的立身之本。因此，就对学生一生的影响来讲，学识、权力、外表等加在一起，也远不如品德重要。蔡元培先生曾说：“教育者，非为已往，非为现在，而专为将来。”教师必须具有为民族崛起而奋斗的坚定信念和为祖国培养现代化人才的责任感和使命感，要忠诚于教育事业，爱岗敬业、尽职尽责；要坚守高尚情操，廉洁从教、勤于育人；要发扬奉献精神，不断探索、勇于进取。为教育事业的改革和发展贡献聪明才智，如此才能肩负起培育合格建设者和接班人这一艰巨而又重大的责任。

所谓智，是指师智。现代教师的职业境界也必须是学富五车，满腹经纶。培养高水平的学生，要求教师学识渊博、学业精深。正如一位教育家所说：“教师要给学生一杯水，就必须具备一桶水，而且是‘长流水’”。在当今时代知识层出不穷的条件下，要成为合格教育者，就必须不断学习、不断充实自己。既要有深厚的专业知识，也要有广博的相关领域知识，具备跨学科、跨专业的结合力，满足学生广泛的求知欲，还要能够不断更新知识体系，及时吸收、存储学科前沿的学科知识与研究成果，如此才能做一名真正合格的“知识的重要传播者和创造者”。

所谓能，是指师能。“能师”乃是教师的专业境界，所谓为术业之学，闻道在先，术业专攻。现代教师必须要有科学的施教知识，深入学习教育学、心理学、教育方法等方面的知识，把教育理论的最新研究成果引入教学过程，使教育教学的科学性和艺术性高度完整地统一起来。要熟练掌握现代教育技术的操作和应用，能够利用现代教育技术，恰当有效地选择教学方法和方式，直观形象地展示教学内容，使教学知识传授与创新思维培养结合起来。要有创新的精神，积极开展教育和科学研究。教育是科学，科学需要研究；教学是艺术，艺术需要创新。要探索新的科学的教育模式，在耕耘中拓宽视野，在执教中提炼师艺、升华师技，做一名新时代的研究型教师。《学记》言：“君子既知教之所由兴，又知教之所由废，然后可以为人师也。”所谓“授人以鱼，不如授人以渔”，讲的也就是这个道理。那就是作为教师，很重要的是要教学生学会学习，作为当今时代的教师，这一任务显得更为紧迫。

所谓表，是指师表。古人云：“智如泉源，行可以为表仪者，人师也。”所谓“身正为范”，诚也！教师的人格力量将给学生带来巨大的甚至终生的影响。一个品德高尚、作风优秀的好教师，他的一言一行和一举一动，将成为学生优良品德形成中的表率和楷模。反之，如果教师思想品德上存在突出的缺陷，则会给学生造成很坏的影响。所谓“误人子弟”，不仅是指传授知识的错误或陈旧，更严重的是使纯洁的青年学生在品德、作风养成过程中被误导和玷污。从社会的角度看，大学教师的职业道德，不仅直接影响大学生的培养和成长，而且也间接影响全社会的思想道德水平,对社会主义精神文明建设产生重要影响。培根说:“把美的形象与美的德行结合起来吧,只有这样,美才会放射出真正的光辉。”是的,如果每一位教师除了外在的形象美,更拥有良好的师德,用自己高尚的人格、优美的语言、规范的行为和真挚的情感去影响、启迪、感染、塑造我们身边的每一位学生,那我们的学生将在师德无限魅力的阳光雨露的沐浴下,健康地、快乐地成长,教师也能在师德中实现自身的价值。

师德的魅力是无穷的,正如古诗所云:“随风潜入夜,润物细无声。”我们每个人在回忆自己学习和成长的道路时,印象最深刻的往往是那些给我们人生以启发,以自己实际行动照亮我们生命道路的老师。“希望全国广大教师牢固树立中国特色社会主义理想信念,带头践行社会主义核心价值观,自觉增强立德树人、教书育人的荣誉感和责任感,学为人师,行为世范,做学生健康成长的指导者和引路人;牢固树立终身学习理念,加强学习,拓宽视野,更新知识,不断提高业务能力和教育教学质量,努力成为业务精湛、学生喜爱的高素质教师……”这是习近平同志在2013年教师节到来之际致全国广大教师慰问信中的一段话,谨以为结语。

(《温州大学报》第133期,2014年2月28日)

吴明江,1963 年 9 月 10 日出生,黑龙江人,研究生学历,生物化学与分子生物学博士,教授,硕士生导师,曾获“全国优秀教师”和省教育系统“优秀共产党员”荣誉称号。现任温州大学生命与环境科学学院院长,兼任省生物实验教学示范中心负责人和浙江省水环境与海洋生物资源保护重点实验室副主任。主持国家基金面上项目 2 项、省科技计划重点项目 1 项、省新世纪教学改革项目 1 项、省重点教材建设项目 1 项,发表论文 30 余篇,编著 1 部,授权发明专利 2 项,实用新型专利 2 项,获省级优秀教学成果一等奖 1 项,省科技进步二等奖 1 项。主要研究方向:多糖生物学、植物天然产物开发。

生命与环境科学学院育人理念的思考与实践

吴明江

在教育大发展的今天,高等教育面临新的挑战。如何唱响育人工作的主旋律,受到全社会的关注。生命与环境科学学院始终把服务学生成长、成才作为工作的出发点和落脚点,倡导"教做人原则、授科学理念、创成才条件、造优良学风"的育人理念,构建了学科特色、专业特色、师资队伍和科研平台协调发展的育人系统工程。

一、教学生做人原则

党的十八大报告提出,要把"立德树人"作为高等教育"内涵式发展"的首要任务。高校不仅要传授知识、培养能力,更要教学生做人,引导学生树立正确的世界观、人生观。

1. 造就一支学高身正的教师队伍

"立德先立师,树人先正己",教师队伍是立德树人的关键。学院广大教师积极做崇高师德的践行者,当学生健康成长的引路人。他们既是科研骨干,又是育人楷模,兢兢业业,默默奉献,如"最受学生喜爱的老师"丁炳扬、柳劲松、应雪萍教授;指导学生多次获全省师范技能大赛一、二等奖,并于 2013 年获得首届全国师范技能竞赛一等奖的"温州市优秀教师"林国栋;还有温州大学第三届华峰品德奖候选集体生物科学教学团队等。

2. 充分发挥教师的育人主导作用

育人是一种"春风化雨,润物无声"的工作,主要在于学校的主体——教师的灌输和影响。学院实行了“一体化学业导师制”，即从新生入校开始就实行导师化管理，导师不但负责学生的专业引导、科研竞赛、毕业论文、专业实习和就业指导等，还对学生进行思想教育和生活指导，教育学生要诚实守信、团结友爱、协作互助等。同时，学院还结合各教师党支部的优势，对接专业特色，以专业实践为载体，创新“支部党建活动项目化管理”，充分发挥党支部和教师党员在育人中的先锋模范作用。

二、授学生科学理念

学校教育不仅要向学生传授知识，更要教育学生树立科学的思想，重视科学的价值，坚守科学道德准则。

1. 践行“研究性学习”理念

知识浩如烟海，但必有其规律可循，因此，传授学生科学的思想和方法比传授课本知识本身更重要，正所谓“授人以鱼不如授人以渔”。学院积极倡导“研究性学习”理念，通过在课内开设讨论课及综合研究性实验项目，培养学生“自主学习”“学做合一”“求学问是”的习惯和能力，掌握探究科学真谛、开启科学殿堂的金钥匙；通过课外开放实验项目、学生科研和竞赛项目等载体，培养学生合作学习意识、科学研究方法和探究精神。

2. 发挥导师的科研引导作用

通过导师的科研引导，培养学生对科学的热爱。学院学生开展科研活动已蔚然成风，大部分学生从大一开始就进入导师的科研室，到大三的时候就已完成毕业论文的研究工作，并有成果发表。在导师潜移默化的影响下，学生尊重科学，更加热爱自己的专业，有的学生还选择了读研究生继续深造。同时，学生的参与也支持了导师科研课题的实施，形成了良性互动，导师们常自豪地说：“我们的本科生堪比研究生的水平。”

三、创学生成才条件

大学最根本的任务是人才培养，而人才培养是一个“以学科为引领、以专业为基础、以师资为保障、以平台为支撑”的系统工程。

1.凝练协同发展的学科和专业特色

学校的各项工作都要围绕育人这一中心来展开，不能为了学科而学科，也不能为了专业而专业，要科学规划、协调发展，这一点对于一个具体办学学院尤为重要。近年来，学院一方面注重相关专业人才培养规范，不断加强专业的内涵建设，另一方面根据社会需求和自身的学科优势，注重学科和专业特色方向的凝练和协同发展，提升了学院办学的效率和人才培养的实力。学院构建的“一体两翼”学科格局，即以“生态学”为主体，以“水环境监测与控制”和“海洋生物资源保护与开发”为特色两翼，有效地支撑了环境科学专业(工学学位)和生物技术专业的特色方向。

2.进一步加大师资队伍建设力度

“大学之大，非大楼之大，乃大师之大”，高素质师资是育人的根本保障。学院本着“引进和提高相结合，重在提高”的原则，在引进人才的同时，启动青年教师博士化工程，派送教师出国进修，参加学术会议，企业挂职等，提高教师业务素质和教学科研水平，提升人才培养与社会需求的契合度。近年来，学院引进“百千万人才国家级人选”1人，“浙江省外专千人计划人才”1人，浙江省高校中青年学科带头人2人，教师队伍中博士比例占66%。

3.大力加强科研和教学平台建设

高水平平台为育人提供有力支撑。近年来，学院建成了浙江省水环境与海洋生物资源保护重点实验室，浙江省生态学重点学科，浙江省生物科学重点专业和浙江省生物实验教学示范中心等。借助这些平台，学院在科研和育人方面取得累累硕果。近三年来，学院新增主持包括“国家重大科技专项项目(水专项)”和“国家高端外国专家项目”在内的国家、省、市及横向项目60余项，获得教育部优秀科学技术成果二等奖和浙江省科技进步奖二等奖各1项。在教师的带动和指导下，学生的科研能力不断提升，2013年获国家大学生科技创新活动计划项目2项，省级项目6项，发表科研论文20余篇，并在竞赛中屡创佳绩。此外，成功地与加拿大北英属哥伦比亚大学开展资源与环境领域的科研合作，以及“1+1硕士”项目的实施，为学生的发展拓宽了国际视野和空间。

四、造优良院风学风

1. 营造以“学业导师”为特色的全员育人院风

学院牢牢树立全员全程育人意识。通过“学业导师制度”,提供“一站到底”式服务;依托学科抓党团建设,以“服务型党组织”建设为龙头,积极打造发展学科鼓舞人、服务师生温暖人、宣传形象振奋人、文体活动凝聚人的四大平台;打造“制度工程、素质工程、温暖工程、沟通工程、健康工程”五个工会载体,营造和谐幸福的院风、充满关爱的育人氛围。

2. 养成以“科研、考研”为特色的优良学风

优良学风是学院育人工作的核心环节。通过班团活动,牢固树立纪律观念、班级集体荣誉感;通过科研及竞赛项目载体,培养学生科技创新能力;通过“绿色环保协会”“蓝色海洋协会”“食品安全协会”等学生科协组织及“囿圃科技文化节”等课外活动载体,积极营造健康向上、情趣盎然的学习氛围;通过“大学生暑期社会实践活动”载体,增强学生的社会责任感和使命感。优良的学风带来了傲人的成绩,学院的师范生编制考试通过率和非师范生考研录取率均列学校前茅。

(《温州大学报》第 137 期,2014 年 4 月 30 日)

李晓燕,女,汉族,1971 年 7 月出生,江苏大丰人。南京师范大学学前教育学硕士,华东师范大学特殊教育学博士,现为温州大学教育学院学前教育系副教授,学前教育研究所副所长,温州市“551 人才工程”第三层次人才。教学方面,主讲《学前儿童心理学》等多门本专科研究生课程。多次主讲省幼儿园园长及骨干教师培训班专题讲座,幼儿家庭教育专题讲座,自闭症幼儿发展与康复专题讲座。研究方面,专注于学前儿童课程与教学,自闭症儿童发展与障碍研究等,主持国家社科课题 1 项,全国教育科学规划课题 1 项。在《学前教育研究》《中国特殊教育》等二级学科权威期刊上发表论文多篇。

提供适当教材　提升学习品质

李晓燕

教材是教育者重要的工具。适当的工具可以有效地支持教师的教学，提升学生的学习品质，不适当的工具反而起到抑制甚至破坏的作用。笔者结合自己的学习与工作实践，谈一谈如何从教材提供的视角提升学生学习品质的问题。特别说明的是，此处的教材，指教师用于教学的材料，不限于已出版的纸质教材，也包括教师收集的电子教材、网络信息，教师自己整理与制作的讲义等。

一、以真实、经典的材料内容开拓学生的思考空间

在多年的求学过程中，笔者对一件事印象极深。从开始学教育学就知道杜威，一直将他看作是个人自由主义教育思想家。一直到多年之后看杜威的原著，赫然发现并非如此，相反，他强调的是民主主义教育。

笔者因此想到教材当中常见的“二道加工”现象。充满着编者的解释，或编者引用另一些编者的解释，省去了学生的思考过程。甚而有之，完完全全“以编者论代原材料”，只放一点原文甚至不放原文。即便编者并非误读，但是，学生对知识的建构过程却是缺位的。文本的意义介于文本与读者之间，每个人读来都是一个建构的过程，因担心学生误读而给学生一个“摘要版、精华版”的举措大可不必。未受太多规范束缚的学生，其理解上并非比多年埋首书案的夫子们要差。而且，即便学生理解出现错误，认知冲突正是思维训练的良机。

针对这样的情况，笔者建议做如下调整：将学生用书及阅读材料更改为“有材料无论述”，而仅保留教师用书的“论”，以辅助教师引学生之“论”。这里的材

料,指原文、实例、实验等,引发学生自主的思考,而不是替代思考。

材料浩瀚如海,选择经典是必须的,且需注重其完整性。比如,不少教科书列出了陈鹤琴"活教育"思想的名言"教活书,活教书,教书活,读活书,活读书,读书活",但是,若不同时列出陶行知批判旧教育的名言"教死书,死教书,教书死,读死书,死读书,读书死",就不会明白陈鹤琴是试图用"活教育"来改革相应的旧教育。如果"活教育"的思想有了这些史料的支持,那么,就会促使学生去思考:旧教育是什么?问题之间的关系是什么?哪些是牵一发而动全身的?哪些是核心的?解决了之后许多问题会自然解决吗?"活教育"在哪些措施上是针对性解决的,哪些是前瞻性考虑的?在这个学习的过程当中,不仅了解记忆归纳演绎,而且批判的精神随之而生。

二、以逆向、多变的材料体例开拓学生的思考方向

课本型教材是教学材料当中的重要品种,综观当前的大学课本型教材,多数是据线性思维方式编撰而成;部分是断代史逻辑型,各种类型的材料分块罗列;部分是通史逻辑型,在材料当中纵向一刀切,在时间轴上选了许多材料,给我们一种纵向的思维引导;极少量的是横向材料,比如,卡尔·雅斯贝尔斯对公元前800年到公元前200年间的中国、西方和印度等地区进行研究,发现了这一时期世界上同时发生的精神文化突破现象,并因此将公元前500年前后命名为"轴心时代"。

然而,材料如同积木一样,摆放的姿态有千万种,其思考方式又何止这几个向度呢?在解决热点问题的时候,恐怕学生最需要的不是条块、不是横向,也不是纵向,而是事实问题一个强焦点所观照下的相关事实与理论,是事实问题相关的关键词所带动的大量看似不相关的时间空间的材料。在解读未来问题的时候,恐怕学生最需要的不是以各种角度来看材料,而是抽离材料当中的精神、原则与框架,并且解读这些精神、原则、框架与生态环境之间的机制,从而可以在从来没有到过的未来建构合情合理合需求的知识。

所以,笔者所建议的并非是哪一种逻辑体例,而是一种开放的自主的体例,

一种可以网络化的、方便学生“将材料任意抽取与分类”的教学材料。我们希望，在材料呈现的每一个新窗口，都能带来对材料的更新、更深入的理解，形成思维的网络化习惯，带来学习者大脑中神经元更多的链接。

那么，如何才能将材料任意抽取与分类？信息化可以帮我们这个大忙。教材的电子化已经不新奇，而电子化辅以资源库的理念，则是实现材料任意抽取与分类的重要利器。将材料中等多维度编码，辅以搜索技术，知识可以由任一个线索被提出来进行对比、排序、归纳、演绎，它们相互作用，同时又牵动其他的知识参与联动的思考，链接成新的体系、思路和视野。这种对于所学内容的开放视野的理解，可以直接影响师生的思考模式。

三、以自主、合作的材料项目化作业开拓学生的思考动力

许多新入职教师感到所学理论与实践教学有较大距离，面对丰富而复杂的教育实践，常觉得自己的知识苍白无力。这些教师中不乏勤奋学习者，他们积极与知识互动，为何还有难以应对之虞呢？笔者认为，这是学习者与知识互动时主体意识不足所致。如果一个知识，学生曾经思考它、梳理它、行动它，在独处时、合作时、变动时，都明明白白地持有它，它就不再是平平板板的死知识，而是包含了学生的汗水、泪水、智慧和信仰的知识，当然可以用它去应对“丰富而复杂”的教育实践，因为外部世界很大程度上是内心世界的投射，经过行动式的主动学习，它已经与“丰富而复杂”的内心世界相适应。

明确自己在每一次具体的学习任务当中的主体责任，是增强学习者主体意识的关键。明确了责任的学生，甚至会敦促教师改进教学方法。自主、合作的材料项目化作业，指将适当的学习任务作为项目，由学生进行自主项目管理。这种操作有助于激发与明确学生的学习责任，从而从自我实现的角度开发学习的驱动力。项目化学习可以分为四个环节：在起始阶段，学生接受了学习任务，需要进行各种要件的分析，比如，完成这样任务要做什么事？要分多少步？小组怎样分工？拿出详尽可行的内容、程序、组织方面的分析，发现知识与技能的不足进行补充学习，在准备工作的后期拿出详尽可行的行动计划；在第二个环节，进行

具体的独立或合作学习，比如，信息搜索、信息整理、人际沟通、报告制作等；在展示的阶段，则是学习成果接受审阅的过程，不仅指报告或者论文的提交，还包括在实习或交流当中，用所学来应对教育实践等；在最后，进行任务质量的评估，对自己在任务分析、执行及展示分享方面进行反思、调整，发现进步的方法及方向，直接引入新的学习任务。

总之，以真实、经典的材料内容开拓学生的思考空间，以逆向、多变的材料体例开拓学生的思考方向，以自主、合作的材料项目化作业开拓学生的思考动力，在教学材料的支持下，学生学习的过程可以更好地转向学生的探索，转向对自身思维方式的训练，转向对学习的自我管理，从而使学生的学习品质得以提升。

（《温州大学报》第 131 期，2013 年 12 月 15 日）

陈福生，男，浙江龙游人，浙江省哲学社会科学重点研究基地温州人经济研究中心主任，温州大学党委书记、教授，思想政治教育硕士生导师，浙江省社会科学界联合会第六届常务理事，温州市决策咨询委员会副主任。主持浙江省教育科学“十五”规划重点课题“‘三个代表’思想与高校德育改革研究”、浙江省哲学社会科学重点课题“大学生思想政治教育实效性的困境与对策研究”“温州人经济的兴起”等项目；主编“温州改革发展研究”丛书四卷、“三个代表重要思想与高校德育创新”“大学生思想政治教育新论”等著作；在核心期刊发表论文20余篇；主持完成的“依托区域优势，构建具有温州特色的创业教育模式”，获第六届国家教学成果奖二等奖、浙江省教学成果一等奖；学术论著获得浙江省第十五届哲学社会科学优秀成果三等奖等多个学术奖项。

始终把培养人的责任抓在手里扛在肩上

陈福生

作为一所地方高校,贯彻落实好全省高校思想政治工作会议和省委书记夏宝龙的重要讲话精神,就是要切实解决好“培养什么样的人”和“怎样培养人”的课题。对此,我们的认识体会和实践思路是:

一是守土有责,勇于担当。学校党委要带头讲政治、重担当,党委书记要切实履行好第一责任人的职责,带领班子认清使命、扛起使命。学校党委班子要带头增强“政治意识、政权意识、阵地意识”,大力加强和改进学校思想政治工作,特别是要加强对大学生和青年教师这两个重点群体的思想政治教育,提高他们的政治敏锐性和政治鉴别力,有效地防范和抵御敌对势力的思想渗透,始终确保师生的思想防线滴水不漏、坚不可摧;始终把校园意识形态工作的领导权、管理权、话语权牢牢掌握在手中,确保高校这块阵地寸土不失,片瓦不丢。

二是守土负责,正视问题。全校各级党组织和党员领导干部要切实发挥“堡垒”和“先锋”作用,直面问题,破难攻坚;始终密切关注校园意识形态和思想政治工作的热点、难点问题,不回避、不敷衍;把解决思想问题与解决实际问题结合起来,努力把思想政治教育工作做到师生的心坎上;针对地方宗教的复杂情形和校园宗教渗透等敏感问题,我们要始终保持清醒,摸清情况、掌握动向;针对网络给学校思想政治工作带来的新挑战,尤其是境外敌对势力利用网络进行的各种诋毁、攻击行径,我们要始终保持警惕,明辨是非,予以坚决回击;坚持用繁荣、高雅的校园文化和风清气正的校园氛围教育和引导广大师生不断增强“三个自信”,确保校园网络空间积极向上、健康清朗。

三是守土尽责,有所作为。我们要始终围绕培养社会主义合格建设者和可靠接班人这个总目标，明确“培养什么样的人”的使命认知，做好“怎样培养人”的教书育人工作。努力打造政治立场坚定、业务素质优良的高水平师资队伍，以优良的师德师风带动优良校风、学风建设，发挥好教师教书育人的主导作用；强化教学主渠道育人功能，切实提高思政理论课的针对性、吸引力、实效性；以学区制改革为载体，努力把寝室这个大学生的“第一社会”“第二家庭”“第三课堂”建设好，形成“文明寝室”建设长效机制；繁荣校园文化，深入推进优秀传统文化、高雅艺术进校园，注重以文化人培养大学生的人文情怀；以“党员义工”“志愿服务”“社会实践”等为载体，教育引导学生自觉培育和践行社会主义核心价值观，努力把学生培养成“明荣辱、知是非、辨美丑、勇担当”、富有人文精神和较高的专业素养以及有健全人格的高素质优秀人才。

（《温州大学报》第 154 期，2015 年 5 月 15 日）

何毅，男，1979 年出生，中共党员，副研究员，先后在华中师范大学、华中科技大学和厦门大学学习社会学和高等教育学，研究生学历，博士学位，主要研究领域为高等教育管理、青年社会学，现任温州大学党委校长办公室副主任。近年来，主持包括教育部人文社科青年基金课题、省社科联课题、省教育厅课题等在内的课题近十项，参与厅局级以上课题近十项，在《高等工程教育研究》等核心刊物发表论文二十余篇，科研成果曾多次获奖，参与出版学术专著《学生评价的理论与实践：基于教学型本科高校的视角》等。

英国古典大学传统对我国当前本科教育的启示

何 毅

英国古典大学本科教育的成功举世公认。坚守精英教育的价值取向是其成功最为根本的原因。这个价值取向符合大学教师对“大学意义”共同一致的理解,并由此形成一种强而有力的大学发展的内在逻辑。因为坚守大学发展的内在逻辑,在从12世纪到19世纪初的600多年里,英格兰仅有牛津和剑桥两所大学,这两所大学也因其深厚的大学传统和独特的组织形式而成为英国古典大学的典范。在我国本科教育“沦陷”的背景下,溯源英国古典大学的传统或许可以给我们一些启示。

一、英国古典大学的传统

1. 坚守保守渐进的组织变革方式

牛津创建于12世纪,剑桥创建于13世纪。两校从创建至今,任凭风云变幻,一直雄踞英国大学金字塔的顶端。因为“牛剑”的保守主义传统,从通往教堂的宗教训练的“牛剑”大学的创办到一所“有用知识型”大学的伦敦大学诞生,再到工业革命冲击下“新大学运动”的兴起,英国大学系统历经数百年才初步形成。这种貌似保守的英国大学制度建构方式看似“顽固”,却保障了大学持续不断的壮大发展以及高质量的学术产出。因为,在很大程度上英国大学制度渐进发展之路很好地处理了传统与创新、继承与否定的关系,从而大学制度的现代化历程避免了因为激烈冲突或剧烈变革而可能导致的停滞或断裂。

2. 实行住宿学院的内部运作模式

住宿学院制是最能反映英国大学组织运作全貌的重要制度。住宿学院结构有利于保持大学独立和自治传统，各学院在交流与竞争中形成的学院精神是推动大学发展的内在动力，学院内“学院式的生活”在塑造学生全面的文化气质方面的作用更为其他任何教学方式所不及。著名的《罗宾斯报告》评价道：“高等教育的机关不仅仅是教学的场所，而是一个社会……牛津和剑桥虽然在学生和教师员额比例方面并不甚理想，而且大部分教师从事纯粹研究工作，但学生因考试而致不能毕业的比率经常较其他大学为低。这纵然原因不止一项但学院制度是其中最重要的贡献。”金耀基先生更是称赞说：“学院制是牛剑二校的特色与灵魂，讲牛剑而不谈学院就像莎翁的《哈姆雷特》中没有了丹麦王子。”由此可见住宿学院制对英国本科教育的影响。

3. 实行导师制的教学组织形式

中世纪大学在很长一段时间里没有对教学做出统一管理，甚至没有专门授课的地方，讲座只能在附近的教堂或教师的住所甚至街道、空地露天进行。住宿学院的建立，使教学活动中心发生转移，学院成为教学活动的主要场所，教学方式也相应发生重大变化。在住宿学院，除辩论之外，公共讲座渐渐被导师制所取代。导师制以本科生为中心，以教学为目标。导师的成绩不在于学术成果的多寡，而在于培养出了多少本科优等生。住宿学院以教学为中心的理念最成功地体现了“牛剑”“造就一个人而不是撰写一本书”的教育目标。美国学者莱克斯纳曾深刻指出：“牛津大学和剑桥大学在本科生与导师之间确立的人际关系，……是世界上最有效的教学关系。课堂教学的稀少，师生间每周的面谈，有时延伸至漫长假期的非正式关系，促使学生独立自主也使他直接受到教师的影响。”

二、对我国当前本科教育的启示

1. 本科教育要体现大学教育根基地位

学者乔治·弗里斯在《巨型大学、理念及民主》中曾呼吁规模不断扩大的现代大学应彻底扭转大学为了其“研究使命”而贬低甚至无视本科生教学之价值的趋向，要认识到本科生教育过去是如何事实上成为大学的“中心任务”或“突出任务”的。加州大学伯克利分校长期坚持“著名教授给本科生上基础课”的优良传统。“许多诺贝尔奖奖金的得主，让他们教一年级的化学、物理。虽然有时候他们教学并不那么理想，但是没有关系。许多学生说，听过诺贝尔奖奖金获得者老师的课，对他是很大的刺激。”现在许多高校都要求教授走上讲台为本科生上课，并将此与业绩考核挂钩。这在客观上对本科教育确实促进很大，但是在日益繁重的科研考核压力和名利双收的科研导向下，教授为本科生授课的现实效应大打折扣。教学工作看似重要实则是本科教育的“软肋”。

2. 本科教育要弘扬通识教育的理念

通识教育也被译为自由教育或博雅教育，其思想和课程设置最早可追溯到古希腊，亚里士多德提出以后，经过纽曼等人的发展达到意义和理解上的极致。在自由主义信奉者看来，大学只应保留教学的职能，通过自由教育发展学生的智力和道德。因为坚守自由教育的传统，英国大学发展史上曾经发生过多次激烈的辩论。近些年来，通识教育在我国大学也得到迅速发展。华中科大 1999 年开始实施“通识教育基础上宽口径专业教育”的人才培养模式改革。复旦大学于 2012 年在全校推行书院制改革，全体新生归入复旦学院的四大书院，对本科一年级学生实行大平台的通识教育。类似改革还有西安交大和汕头大学等的书院制，书院在学院之外承担起除专业教学以外学生课外教育的重任。这些高校探索以通识教育为指向的本科人才培养模式改革，试图改变“对人的全面发展的忽视、对人的生动活泼个性的忽视”等不科学的本科教育观，并以此扭转“本科教育变成知识教育、专业教育、就业教育”的不良倾向。改革探索值得期待！

3. 本科教育要重建融洽的师生关系

加拿大作家斯蒂芬·利考克在《我见之牛津》一文中把牛津的成功归功于导师的作用。他说：“学生所知道的一切都是从导师那里或者不如说同导师一起学到的。”利考克的说法有些夸大，但是导师在学生成长中的作用不容置疑。没有良好的师生关系，要建设优质本科教育无法想象。良好师生关系的建立，通俗地说就是教书育人的统一。教师不仅要教书更要育人，要把教书育人视为教师的天职。著名数学家、教育家苏步青先生从教数十年，他始终认为，“作为教师，从上讲台的那天起，思想上就要牢记着教书育人这条信念，并把它贯穿到自己的教学中去”。苏老一生坚持这一信条，培养出谷超豪、李大潜等众多院士，形成备受称道的“苏步青效应”。时至今天，不少教师把课堂教学之外的育人当作负担，教书与育人完全脱节，成为影响本科人才培养的关键症结。

4. 本科教育要珍视大学文化传统

大学被视为中世纪留下的最为珍贵的遗产之一。大学之所以能够绵延不断数百年，长期沉淀下来的文化传统是其灵魂。牛津大学基督教堂学院在每晚九点零五分，学院钟楼上的大钟要敲 101 下，这是因为当年这个学院只有 101 个学生，钟声是催他们赶快返校。每年 5 月 1 日是迎接春天来临的节日，举行舞会后，穿燕尾服的男生和着长裙的女生照例要来到穆特林学院的桥下，坐在平底木船上听塔楼里歌咏队的歌声直到天明。又如，剑桥古老的三一学院至今依然保留着“每天晚餐前全体师生都必须一起祷告”的传统习俗。这些传统的存在，使学生在不知不觉中受到文化、艺术的熏陶，良好涵养和优雅气质慢慢形成。事实上，除欧洲古典大学之外，我国古代书院同样具有优良的文化传统。可惜的是，我国近代大学自上世纪初以来“上法三代、旁采泰西”，却始终没有处理好现代与传统的关系，传统的断裂导致现代大学精神缺失，成为大学教育不可承受之重！

英国的大学教育具有鲜明特色，也体现深厚的英伦文化。英国大学传统的形成历经数百年的历史积淀，已经融入英国人的价值观中。了解英国的大学传统不是完全照搬抑或简单移植英国大学制度，而是希望得到一些启发并能够有所触动，从而在结合我国国情的基础上推进当前的大学本科教育改革。

（《温州大学报》第 136 期，2014 年 4 月 15 日）

从“学校管理”到“学生自治”

——温大生活区的学生“三自”新尝试

何　毅

为了适应“90后”青年大学生思想政治教育工作的实际，推进高等教育大众化形势下人才培养质量的提升，培养全面发展的符合社会需要的高素质人才，经过一年多的考察论证，温州大学于2012年上半年开始学区制学生教育管理模式的改革和探索。其主要做法是按照学生的住宿分布将全校生活区划分为三大学区，把原来学院承担的学生思想政治教育和管理服务的功能转由学区负责，将学区建设成为融思想教育、行为指导、生活服务、文化活动、道德实践为一体的学生思想政治教育新平台。

在学校学区制改革的大背景下，步青学区认真贯彻落实学校党委学区制改革的部署，始终坚持“以生为本”和“服务至上”的工作理念，围绕学生全面发展，服务学生成长成才，高度重视学生自治，并把学生自治作为实现两大工作理念的重要途径，在推动自治活动创新、健全自治组织体系、拓展自治服务内容、引领自治文化建设等方面做出了积极探索和实践。

一、推动自治活动创新，维护学生自治的权益

学区坚持“视教育若生命、学校若家庭、学生若子弟”的价值取向，把学生作为学区建设的真正主人，考虑问题、出台制度都充分听取学生的想法和意见。通过让广大学生参与学区建设管理，充分调动他们的积极性、主动性和主体性，尊重学生权益、强化学生自治、维护学生权益。

学区打破长期以来学生管理制度由学校单方制定，缺乏学生参与的不足，积极创新学生自治形式。召开楼栋学生代表大会对学区出台的各项制度进行讨论、修订，并经全体代表审议通过，真正实现“学生自己的事情自己说了算”。

2012 年 11 月 28 日，步青学区召开第一届楼栋学生代表大会，来自步青学区的共 12 栋公寓楼的 300 名学生代表参加会议。这些代表由各楼栋学生推选产生，代表本楼栋学生“维权”。会议召开期间，代表们审议表决学区出台的各项学生管理制度。会议从主持、工作报告到各项制度的审议和表决都由学生全权安排，而学区领导和老师们则坐在嘉宾席上认真听取会议的各项议程。学区还实行代表任期制，赋予楼栋学生代表对学区工作的建议权、评议权和监督权。任期制规定，在代表任职期间，代表们要承担起代表本楼栋学生维护学区同学的合法权益和民主权利的重任。他们被赋予参与学区重要工作的讨论、参与学区学生干部的选举、参与学区同学权益的维护、参与学区各项考核评比以及学区其他重大工作的诸多权利。

二、健全自治组织体系，培养学生自治的骨干

步青学区不仅先后成立了学区团工委、学区学生会、学区党员服务中心等广义上的学生自治组织，而且，针对学区制改革的特点，在各个学生楼栋和学区成立学生自治委员会这一具有学区特色的学生自治组织。

学生自治组织承担着开展学生生活管理与日常服务活动，参与学区公寓文明和文化建设，维护学生合法正当权益，实现学生自我教育和自我管理的重任。按照学生自治的要求，在自愿报名和组织推荐相结合的基础上，每个寝室设立寝室长、每层楼设立层长、每栋楼设立楼长。在此基础上，通过召开楼栋学生代表大会，选举产生学区学生自治委员会委员。经过一个学期的建设，围绕学生“自我教育、自我管理、自我服务”一个目标，楼栋学生自治委员会和学区学生自治委员会两级建制，“寝室长—层长—楼长”三级架构的学生自治工作体系逐步形成。学生自治组织真正做到“从同学中来，到同学中去”，成为学生参与学区建设管理的骨干力量。

同时,为了加强学生自治组织建设,学区注重对自治组织的积极引导和委员们的培养教育,制定完善各项规章制度,先后出台《温州大学步青学区学生自治委员会章程》等一系列规定,使自治组织建设有章可循、有据可依,为学生自治组织的持续健康发展奠定了良好基础。

三、拓展自治服务内容,架设师生沟通的桥梁

学生的事情是学区最大的事情,满足学生的合理需求是学区工作的内在动力。按照这一要求,学区学生自治委员会作为一支代表广大学生利益的组织,在维护学区整体利益的同时,通过正当民主渠道,积极反映学生的建议、意见和要求,在维护广大学生的具体利益方面,日益发挥出重要作用。

首先,开通意见箱,每周收集学生提出的问题,及时与相关部门联系,用最快的速度给学生满意的答复。其次,将微博以及人人网作为自委会与学生之间的交流手段,通过网络及时将事情的处理结果上传,方便学生查询。同时,开通服务热线电话,对学生比较关心、关注的问题做出最及时的回应。另外,自委会动员广大学生积极参与公寓文明建设,协助老师制订“文明寝室评比办法”等规范性文件,定期开展“学区之星”寝室的评比与监督,组织学区文明督察队的学生做好常规卫生检查,受理学生的反馈意见等工作。自学生自治委员会开展各项服务工作以来,受到了学区学生的热烈“追捧”,工作微博越来越热,招聘岗位越来越“香”,工作互动越来越频繁。

四、强化自治文化建设,提升学区文化的品位

在强化学生自治文化的目标指引下,学区自委会策划并组织开展了为时一个多月的首届步青学区“邻里文化节”,围绕“温馨家园,和谐学区”的主题,为学区学生献上包括“师生互动”“心理健康”“生活点滴”“寝室文化”“邻里活动”“步青精神”等在内的六道精神文化大餐。

文化节期间,先后组织开展了师生趣味运动会、“周五有约”师生谈心活动等

10余项精品活动。这些活动贴近学区生活实际，符合青年学生需求，参与的学生达到数千人次。通过举办这些学生自发组织、自发参与的活动，激发了学生的内在潜力，提高自律意识，增强归属感和凝聚力，进一步提升了学生综合素质和校园文化品质。

步青学区“学生自治”才刚刚起步，学区党总支将充分依靠广大学生，毫不动摇地坚守服务学生的工作理念，强化学生自治的目标追求，以学生自治委员会为重要平台，进一步加强自委会的组织建设、团队建设、文化建设，不断探索自委会发挥作用的有效途径，为实现学区学生“自我教育、自我管理、自我服务”目标而不懈努力！

（《温州大学报》第115期，2012年12月30日）

郑信军，男，汉族，1968 年 10 月出生，1990 年入职原温州师范学院至今，浙江温州人，博士，教授，硕士生导师，浙江省高校中青年学科带头人，学术兼职浙江省心理学会理事。主要从事心理学的教学与研究工作，当前主要研究领域涉及儿童社会性发展、道德心理与道德教育、教师心理、学校心理教育等。在《教育研究》等国内核心学术刊物上发表论文 60 余篇，其中一级及以上刊物论文 20 余篇，多篇被中国人民大学报刊复印资料全文转载；出版专著 2 部，另有编著 2 部；主持多项省部级以上课题，曾获浙江省高校科研成果奖，浙江省社科联成果奖、浙江省教育科学成果奖等多项科研奖励。

提高人才培养质量要找准切入点

——兼谈教师教育学院"培育气质，追求卓越"的人才培养理念

郑信军

当前，以人才培养为中心，提高人才培养质量，已成为推动高等教育内涵式发展的战略共识。然而，如何切实提高、如何有效推进，则需要办学者在"合规定性""合需要性""合发展性"等 3 种质量要求的基础上寻求切入点。所谓合规定性，即通过某种专业教育培养出的人才符合专业或行业的技术标准，或者达到专业人才培养目标所预期的质量规格；所谓合需要性，是指人才培养质量在符合国家、社会、用人单位、学生家庭与个人等对高等教育的需求广度和期望程度；所谓合发展性，即培养的人才能主动适应社会并最终超越适应，通过个人的可持续发展促进社会的可持续发展。只有立足基本规格、满足多方需要、前瞻未来发展，才能找准提高人才培养质量的切入点；只有结合专业类别特点、基于学生利益诉求、赢得教师共识拥护，才能使这个切入点在实践中顺利推进、深化。

教师教育学院在办学实践中，把握师范类人才培养和发展规律，以"师范气质"为切入点，旗帜鲜明地提出了"培育气质、追求卓越"的人才培养理念。所谓"师范气质"，是师范类学生在教师教育与培训基础上形成的、明显而又独特的教师专业素养和职业倾向性的外在化表现，以此为筋骨、魂魄和神韵，影响并支撑着他们今后的职业发展。在全院师生广泛讨论，多方征求校外教育专家、校长和一线教师意见的基础上，我们将"师范气质"的核心要素理解为师识、师德、师表和师能等 4 个方面，并浓缩为"博、爱、雅、艺"等 4 个核心词汇。博，代表着为师者应有的好学精神和包容态度，不仅应广泛涉猎知识，而且应有博大的胸怀与涵

养；爱，即以师爱为师德核心，热爱儿童、热爱事业、热爱生活；雅，代表温文尔雅的仪态气度，淡定豁达的精神境界；艺，代表多才多艺的师范技能、创意无限的教育潜能。在我们看来，培育"师范气质"，是师范类人才培养中兼具合规定性、合需要性、合发展性要求的一个契合点和切入点。

以"师范气质"作为提高师范类专业人才培养质量的切入点，首先是合规定性的。教师教育的人才培养规格正是师识、师德、师表和师能的具体表现，"师范气质"的提出，不仅将这种人才培养规格形象化、生动化、立体化，而且还能使其具有高显示度和辨识度，作为一种精神纲领引领师范类专业的人才培养。

以"师范气质"作为提高师范类专业人才培养质量的切入点，也是合需要性的。首先，师范生在就业竞争中，不仅需要硬技能，而且也需要软实力。在各种教师招考中，这种软实力正是通过不经意表现出的博学广闻、谦恭文雅、淡定从容、张弛有度、机智应变，给考官留下深刻的印象，从而决定了去留。考官们口中经常提及的"教师胚"正是这种"师范气质"的形象诠释。其次，社会发展对教师的职业形象提出更高的要求。温家宝同志在 2010 年 7 月召开的全国教育工作会议上明确提出"师范教育的目标绝不是造就'教书匠'，而是要造就具有未来教师气质的教育家"，而在 2011 年 10 月颁布的《教育部关于大力推进教师教育课程改革的意见》中也明确提出"加强教师养成教育，注重未来教师气质的培养，营造良好教育文化氛围，激发师范生的教育实践兴趣，树立长期从教、终身从教信念"。从另一个侧面说，在教师知识权威形象被逐步消解，教师崇高社会形象被不断怀疑的微博(信)时代，高等师范教育必须正视自己所应承担的社会责任，通过培养这种兼具博、爱、雅、艺的"师范气质"的未来教师，向社会传递未来教师群体的正能量。第三，温州大学的教师教育传统需要通过"师范气质"这一精神纲领来继承和弘扬。迄今为止，温州大学历史上培养的师范毕业生，占温州市教学名师总数的 55%，占温州名校长总数的 72%，占温州特级教师总数的 53%，占温州教授级中学高级教师总数的 50%。在综合性大学办学背景下背负这样的荣誉，迫使我们发出追问：未来，有多少温州大学的师范生能在各地教师招聘中胜出？有多少温州的优质中小学愿意吸纳温大师范生成为其中的一员？有多少温大师范生能成长为温州未来的教学名师、名校长和特级教师？从这个意义上说,凝练和培育“师范气质”,有利于全校各师范类专业统一思想,重塑师范传统,锻造高品质未来教师,从而提高温州大学办学的社会认可度与美誉度。

以“师范气质”作为提高师范类专业人才培养质量的切入点,更是合发展性的。不同特点的卓越教师往往有着某种相似的成长规律,而这种成长规律又往往建立在师范教育阶段所奠定的某种共同特质。这种可以称之为“师范气质”的共同特质无论是表现为坚定的事业心,还是表现为理解与热爱儿童的同情心,或是淡看功名利禄的从容心,或是热情开朗的人文情怀,都将推动着他们积极、上进,使自己的专业发展不断迈向新的高度。当我们以培养未来卓越教师为人才培养目标时,必须看到这种“师范气质”在贯穿教师一生的专业发展中所起的作用。事实上,即便学生在就业或今后的职业发展中选择了不同的职业道路,这种由内而外的“师范气质”依然能濡养他们的外在气度和精神境界,终其一生,受益无穷。

一个好的人才培养切入点,不仅要有先进的理念,更要有可操作、可实施的方案,并带动教育教学制度的改革与创新。培育“师范气质”,不应只停留在一句响亮的口号或纯粹的精神纲领上,而是要通过“四维三层、一体两翼、多方协同、三‘机’护航”逐步推进和落实。所谓“四维三层”,是指“师范气质”在博、爱、雅、艺的四维培养规格和个人气质、专业气质、学院气质的三层上互动回馈。所谓“一体两翼”,是指以教学为根本,以团学活动和文化建设为助翼的基本思路。从教学方面的具体举措来看,逐步实施以培育“师范气质”为核心的院内跨专业选修课、特色课,建设“师范气质”精品课程群,改革学生参与设计和展示的课堂教学,培优普惠的师范技能训练—竞赛体系,基础教育名师系列讲坛等将使这项工作扎根于最核心的日常教学活动中。从团学工作和文化建设方面来看,以博学堂、儒雅堂、爱艺堂、润爱堂等命名的学生特色社团组织,师生共建、百花齐放的师范工作坊,一年一度的“师范气质节”,知心姐姐、儿童剧、艺术之春等传统品牌建设,学院物质环境和人文环境上的师范特色营造,通过这一系列举措,努力将学院打造成书香学院、爱心学院、礼仪学院和创艺学院。所谓“多方协同”,是指各师范类专业之间的资源共享与协同、行动研究与教学活动的协同、学院与地方基础教育的协同、师生及师师之间的协同。所谓的“三‘机’护航”,一是指以改进教师工作业绩考核办法为核心的激励机制，二是指实施“师范气质”养成的成长档案袋评价和改革学生奖学金评定办法相配合的学生评价机制，三是指完善兼职专业负责人、兼职导师和兼职教师的院地协同共育制度、围绕“师范气质”培育的教改预研项目制度、“师范气质”学术研究奖励制度等一系列保障制度。

一个好的人才培养切入点，还要通过一段时间的积累，带来高显示度的人才培养成果与人才培养研究成果，能够对同类或相似专业提高人才培养质量具有引领和带动作用，能够对非同类专业提高人才培养质量具有辐射和借鉴作用。我们希望经过在“师范气质”培育上的若干年扎实努力，不仅能使师范类专业学生在就业质量、职业与人生发展上广泛受益，而且还能形成鲜明的办学特色和丰富的研究成果，为温州大学的人才培养争取更高的荣誉。

（《温州大学报》第125期，2013年9月15日）

卓高生，男，博士，温州大学马克思主义学院副院长、副教授，曾入选浙江省高校优秀青年教师资助计划、温州市551人才工程培养人选。系浙江省马克思主义学会理事、浙江省青年马克思主义研究会副会长、温州大学社会发展研究所副所长。主要研究方向为马克思主义理论、公益理论与实务等，先后主持国家社科基金项目、省部级、厅局级等各类课题10余项，在《中国特色社会主义研究》等核心期刊上发表论文20余篇。曾获长三角高校思政理论课教师教学比赛二等奖、入选教育部马克思主义理论研究与建设工程重点教材相应课程“精彩一课”等。

大学生志愿服务不是“热热闹闹走一回”

卓高生

半个世纪前，毛泽东同志发出“向雷锋同志学习”的号召，雷锋，这个响亮的名字和以他的名字命名的雷锋精神，深深镌刻在一代又一代中国人的心中。今天校园中活跃着的大学生志愿者如同一个个“活雷锋”，以对社会的无限真诚和不竭的赤子之心，履行着“奉献、友爱、互助、进步”的志愿精神。志愿精神是现代社会大学生精神成人的重要内容，是道德水准衡量的重要方面。大学生志愿者通过奉献自己的时间、知识、技能等与他人发生积极的利他互动，他们是良好社会道德风尚与公益事业发展的践行者、宣传者、引领者，在扶贫开发、社区服务、大型活动、环境保护、抢险救灾等方面发挥着重要的作用。

处于发展初级阶段的大学生志愿服务事业仍存在诸多问题：第一，单向度的志愿精神理解导致志愿服务动力不足。当前对志愿精神认知普遍存在一种狭隘的观念，即志愿服务是个人良好德行的体现，是志愿者无私支出时间为他人提供福利的单向无私关怀和奉献，往往忽略志愿者参与志愿服务多元化需求的满足。第二，志愿服务参与的阶段性特征较明显。部分志愿者在服务过程中存在“跟风”“搭便车”“挣工分”的现象，有为学校规定 40 个志愿服务小时可换课外教育学分而报名参加志愿服务的短期行为，一、二年级积极性高，三、四年级因学业、就业等则逐渐退出，志愿服务参与的可持续性面临挑战。第三，志愿服务活动节日化、形式化问题突出，专业性、学习化程度不够。每到 3 月学雷锋活动日，志愿服务扎堆在敬老院、孤儿院等地展开，一些应景性的浅度志愿活动只是“扛一扛大旗，拉一队人马，呼一串口号，路边发发宣传单，横幅上签签字，热热闹闹走一回”。大学生志愿者融合自身专业知识、对接社会需求、注重服务学习理念欠缺。

促进志愿服务的常态化，建立健全志愿服务的长效机制，是大学生志愿服务事业健康发展的必然要求和战略需要，其基本途径和思路可以有：

一是培育志愿精神，营造志愿服务文化氛围。我们可从学生公民教育和舆论导向入手，扩大志愿服务的宣传力度，在校园里营造一种参与志愿服务的风尚和文化，形成关心、支持和参与志愿服务的良好氛围，为青年志愿服务事业的健康发展奠定良好的心理和社会基础。

二是搭建服务保障平台，坚持连接社会网络。各地(高校)可借鉴吸收国外志愿服务立法经验，明确青年志愿者的权利、责任和义务，建立志愿服务风险保障机制和信息记录共享交流技术平台。同时大学生志愿服务必须建立同周围生活环境的融洽关系，于行动和反省的循环过程中开启关怀社会的钥匙，培养关怀社会、服务人群、涵养品格的情怀。

三是建立健全激励机制，提升大学生志愿者自我效能。新时期，要增强大学生志愿者的成就感和自尊心必须改革创新大学生志愿服务激励机制，丰富完善社会回馈激励机制、荣誉激励机制、自我成就型激励机制的构建，坚持在自我认可、社会认同、自我成长的多重效用下实现服务的持续进行。

四是树立服务学习理念，组建专业指导团队。成立志愿服务学习项目推动小组，由学校有关部门牵头，协调全校各专业所在学院师生共同树立服务学习理念，全员做好志愿服务与课程知识学习的融合计划，策划对接社区需求的服务计划，跟踪反馈和完善志愿服务学习方案；同时，在学生辅导员的基础上组建一支注重志愿服务理念和实务培训的师资队伍，以加强对学生志愿服务学习项目展开的督导工作力度。

(《温州大学报》第 135 期，2014 年 3 月 30 日)

郑彩莲，浙江温州人，温州大学商学院党总支书记、副院长，教授，硕士生导师，浙江大学法学硕士；先后入选浙江省新世纪“151”人才工程第三层次、温州新世纪“551”人才工程第二层次；国家二级心理咨询师，温州大学心理健康教育专家组成员。主持或参与教育部、团中央、浙江省哲学社会科学规划课题及各类纵向、横向课题30余项。在核心期刊发表论文近30篇，多篇文章获省市奖，由学苑出版社出版专著《温州女企业家发展研究》1部，合篇著作5部。研究方向：高校党建与思想政治教育、大学生生涯规划与心理健康教育（情绪与情感方向）。

好老师是一盏灯

郑彩莲

好老师，尤其是大学好老师，是有学问的：能传授学问的，教好书的，更能育人的；是极具口才、学识、人格魅力的；是能对学生的思想、行为乃至感情产生持久而积极影响的。好老师，是一盏灯，有如英国作家斯蒂文森《点灯的人》中的李利。

点亮学生希望与兴趣之灯。孟子曾云，“得天下英才而教育之”乃君子“三乐”之一。因此，好老师是应该善于给予学生希望的，相信人人皆可成尧、舜；是能诱导和培养学生兴趣的，善于欣赏每个学生的个体价值，能让学生感受到这份来自师者的期许与温情。好老师对教师的职业是有激情与思想的，自古以来，从孔子、陶行知、季羡林等，到近年来获温州大学“最受学生爱戴的老师”称号的师者，无一不对教育充满激情与热爱，他们思想深邃，有趣地说理，鼓励学生探索未知世界，将老师对学生的期待所散发出的赤诚之光投射给学生，帮助他们达到最佳状态，使学生生长出好奇心与兴趣，从而产生积极的思维与智慧。

点亮学生质疑创新之灯。上海纽约大学的一次开学典礼，美方校长杰夫·雷蒙以思辨的视角寄语学生：“我们的目的不是要给你们我们的智慧，不是要给你们我们的知识，也不是要告诉你们某个正确答案。”现实中，我们有太多的标准答案让学生对号入座，而好老师，无论在课堂内外、线上线下，均应创造开放性的学习环境，广开言路、不计较来自学生的各种批评，培养学生的创造性人格，给学生一个大学之所以为大学的理由便是“独立之思想，自由之精神”的家园，是一个观点碰撞、激发思想火花的地方，师生间是互动的、信任的，是可以广博睿智地交谈的，是教学相长的。好老师深知“学，然后知不足”，思辨地教会学生思考问题的方法，多维度地观察世界，拷问那些不经审视的观点，质疑传统式权威，给予学生思想、行为乃至情感上持久和积极的影响，重塑属于95后大学生自己的价值观。

点亮学生心灵之灯。好老师的教育，是点亮学生心灵之灯，让学生看到更多更美的风景。习近平总书记强调指出教师是塑造灵魂、生命与人的工作，一个人遇到好老师是人生的幸运。受人尊敬的好老师，主要取决于教师自身，如有没有做到习总书记的“四有”（理想信念、道德情操、扎实学识、仁爱之心），有没有“真知、真行、真信、真情”，有没有自觉坚守精神家园、坚守人格底线，以消除部分教师的不负责任及利用职务之便对学生的骚扰行为所产生的负面影响。当前，高校“学术大牛”固然需要，但于学生而言，真正在乎的是老师不汲汲于名利，尽心尽力地以教育为首要目的，以健全人格与责任感培养为目标，以高尚品格润物细无声地滋养学生，在目光所及处关注更多的学生，关心其情感所惑、思想所困、实际所需。正如德国著名教育家雅斯贝尔斯在《什么是教育》中所理解的教育：教育本质上是“一棵树摇动另一棵树，一朵云推动另一朵云，一个灵魂唤醒另一个灵魂”。让学生们在好老师的教育中，有所顿悟，正确做事，正确做人，感受到心灵的自由生长与大学教育之暖。

（《温州大学报》第157期，2015年6月30日）

胡来林,男,1964 年出生。安徽安庆人,中共党员。温州大学瓯江特聘教授,硕士生导师。浙江省教育技术学新兴特色专业负责人、浙江省教育技术教学团队负责人、温州大学教育信息化研究所所长、现代教育技术中心主任。主要研究领域:幼儿教育信息化、机器人与 STEM 教育、学习科学与技术、教学信息化等。发表论文 30 余篇,主编教材 15 部,出版专著 1 部;主持国家精品资源共享课程 1 门,省级精品课程和省新世纪教改项目等教研项目 3 项;主持教育部人文社科规划基金项目 1 项;荣获浙江省教学成果二等奖、浙江省高校“三育人”先进个人、温州市第四届师德楷模奖和温州大学教学名师。

谈如何提高人才培养质量

胡来林

2012年是我校的人才培养质量年，将会像本科教学质量评估一样，在学校的办学历史上留下精彩的一页。因为提高人才培养质量是大学使命的理性回归，是在大众化教育背景下提升高校办学内涵的重要举措，也是学校科研水平提升后对教学的反哺，更是科研与教学良性互动的必然结果。如何借此东风、提高人才培养质量，有以下几点拙见：

转变观念是提升人才培养质量的根本。目前，在高校部分人的观念中，存在着这样的想法，认为只有做不了或者做不好科研的教师，才会去搞教学。为什么如此贬低本应是教师天职的教书育人工作？因为在很多人眼中，教学只是完成教学计划，教师的职能就是照本宣科。如果教师果真如此教学，那是应该让人看扁的。但如果教学能成为人才培养的主战场，教师愿意用自己的一生来经营课堂，那我们就决不能认为用毕生精力来上好课的教师是水平不高的代名词了。教学与科研本应该是良性互动的关系，而不应是对立的。

完善制度是提升人才培养质量的保障。趋利性是人之本性。近年来，中国高校的“去教学化”倾向愈演愈烈，教授“重科研、轻教学、跑项目、忙赚钱”的现象十分普遍。导致出现这种现象的原因很多，但现有的大学评价机制、教授评聘机制和教授评价机制是最直接的“罪魁祸首”。因为没有项目，就只能当穷教书先生，只能永远当助教，没有项目不仅会高职低聘，还可能会丢饭碗。反之，教学不好，甚至多年不上课的“科研先进”，不仅能得到多种“人才”的光环和数目可观的奖金，教授头衔也是唾手可得。改变现有制度，让用心教书的人也能成为教授，也能成为“富人”，也能成为“人才”，那么，重科研、轻教学的现象也就自然会得到改变。

创新教学方法是提升人才培养质量的抓手。此处的教学方法是指大方法，即教学模式。它不但是一种教学手段，而且是从教学原理、教学内容、教学目标和任务、教学过程直至教学组织形式的整体、系统的操作样式。在当今信息化、知识大爆炸的年代，人与人之间的相处越来越“虚拟化”，如果没有协作互动、没有探究、没有实践、不了解受众心理，而用传统的灌输式的方法讲解，那么，教师是永远讲不完知识的，学生也永远学不会独立创新。变革教学方法，激发学生的学习热情，把学生“抛入”问题情境中，让学生在冲突中选择、在思考中提升、在体验中感悟、在合作中创新，才是培养高质量人才的关键。

改变课堂评价是提升人才培养质量的重要举措。规范与个性往往是矛盾的，有了规范就抹杀了个性，有了个性就显得不太规范，评价指标有时会成为创新的枷锁。放开教师的手脚，减少一些形式上的规范，对教师多一份信任，多一些师德教育，多一些责任心培养，多一些善意的指导，多一些宽容与理解，少一些硬性规定，少一些处罚，注重分层与分类评价，采用过程与质性评价，实施多元主体的评价，提升管理的科学性，不失为提升人才培养质量的重要举措。

（《温州大学报》第 102 期，2012 年 3 月 30 日）

反思教学中的形式主义

胡来林

在着力推动学校内涵发展，深入开展党的群众路线的教育实践活动的背景下，反思教育教学之误区，推动人才培养质量之提高，当为每一位教师的首要之责。近年来，我校始终坚持“育人为本，德育为先”的人才培养理念，通过各种途径，着力推动教学内容、方法和手段的改革创新，人才培养质量稳步提升。但平心而论，在教学中，我们依然存在着诸多流于形式的表现，当引起我们的警示。

一、教学内容上的形式主义，突出的表现是“照本宣科”

大学教学内容最为关键的莫过于更新，这种更新既包含知识、技能等要素的增减，更包括教学内容的再组织。同样的学科知识体系，由于面向的教学对象不同、教学目标不同、教学环境各异，其内容选择、重难点把握、内容组织、内容拓展与延伸、与实践教学的配合等，都会直接影响到学生学习的效果，当然也会影响到学生思维与学习方法的训练。如果作为一位高校教师，每年都采用相同的教材、差不多的教案，照本宣科，把上课当成任务去完成，导致教学内容与学生实际需求脱离，这是不是也是一种形式主义呢？另一方面，如果一位高校教师，不结合学生实际，不结合社会发展趋势，或者照搬国外的做法，或者将自己的喜好当成学生的喜好，把自己的愿景当成学生的愿景，或者将自己学习的经历当成学生应该学习的模式——认为我是这么学的，你也应该这样来学，具有自我中心主义倾向，这是不是也是一种形式主义的表现？具有这种倾向的老师，往往会对今天的学生的所作所为不理解，容易与学生发生冲突，甚至于考试出的题目，会让

90%以上的学生不及格，还埋怨学生不努力，等等。

殊不知，作为95后的独生子女大学生，他们的生活和学习方式、交往环境，早已不是你所处的那个时代的翻版。他们的生活方式更加多元，学习途径更加多样，个性特征更加彰显。因而，作为今天高校的教师，关注新生代大学生的心理与人格特征，研究现实社会和虚拟世界对人才的需求，研究网络环境下学生的学习方式与思维方式的变革，舍得在学生身上下功夫，才会成为学生满意的教师。

二、教学方法上的形式主义，突出表现在“互动教学”中

课堂教学是教师、学生与学习环境相互支撑、互动的过程。教学互动应以学生为主体，在充分了解学生的心理特征、知识与能力基础，尊重学生创造性的基础上，实现教师与学生、教师与学习环境相互交流、相互作用，最大限度地实现教学增长，确保课堂教学质量提升。但在现实的高校课堂教学中，还是存在着为了互动而互动的情形，如：课堂上一呼百应、齐声回答的“形式化”互动；小组讨论只求形式不求结果的“点缀式”互动；翻转课堂中只见学生不见教师的“缺位式”互动；协作学习中部分学生互动而部分学生无人问津的“小团队式”互动；教师对学生进行控制的“命令式”互动；等等，这些都是课堂互动教学中形式主义的表现。

究其原因，一是可能对互动教学本质理解不深入，对目前高校中倡导的启发式、探究式、讨论式、参与式教学，帮助学生学会学习的内涵未能很好研究；二是未能处理好教师主导性与学生主体性关系；三是未能灵活运用调控策略，调控互动教学中的多重关系问题。

三、教学手段上的形式主义，典型表现在“多媒体教学”中

随着信息技术迅速发展，多媒体与网络教学在高校已是普遍的教学行为。充分发挥现代信息技术作用，促进优质教学资源共享，是国家中长期教育发展规划纲要中明确提出的要求。多媒体教学无疑对于激发学生兴趣、启发学生的想

象力、扩大课堂教学的信息量，有着不可替代的作用。网络教学，特别是MOOC（慕课）、微课的出现，更是深刻地改变着传统课堂教学模式，对高等教育学习模式以及寄宿制的办学模式带来的冲击也是前所未有的，今天的学习再也不能只局限于课堂内、书本上、本校教师和同学之间的互动，而是应该包括课堂外、网络上、国内外名师与学伴之间的竞争与互动，学习也不再被固定于课桌椅、教室、校园之内，而是随时随地、随心所欲地在学习。然而，由于对教学研究的不足、对新媒体教学应用的准备不足，使得高校课堂中出现了“人灌加电灌”“穿新鞋走老路”的多媒体教学应用现象：课件或强调欣赏性，或干脆板书搬家；或用演示取代师生互动；或用搜索引擎来代替记忆与提炼；用网络视频来代替教师言传身教；等等，这些都是教学手段运用上的形式主义。

出现这种现象的原因，可能是部分教师不善于将现代信息技术支持的教学方法与传统教学方法相结合，合理掌握多媒体教学手段选用的分寸把握不够，特别是对于信息化教学的本质理解不深等。实际上，信息化教学的关键不是追求多媒体形式，而是一种理念的变革，如：教师角色与学习者角色的转变；从关注教学到关注学习；学习中注重问题解决，倾向挑战真实性的任务和综合任务；注重培养学生高阶思维能力；等等。信息技术支持下的学习与课堂教学只有发生这样的变化，才能促进课堂教学模式的变革，提高人才培养质量。

四、教学评价上的形式主义，主要表现在“终结性评价”方式上

教学评价是通过密切观察学生的学习过程、经常收集学生学习情况的反馈以及设计合适的课堂实验来让教师可以详细了解学生的学习方式。课堂评价有助于每位大学教师获取关于学生学习内容、数量及效果等方面的有用信息，从而使教师可以利用这些信息来重新调整教学重点，提高学生的学习效率和效果。但现实的情况是不少高校教师，平时作业量小，批改后反馈意见不具体；平时成绩管理不严格；评价主体单一化；把评价主要放在课程结束后的一次考试，缺少过程性评价，例行公事地来给出课程的最后成绩；等等，这同样是一种形式主义。这种方式的评价实际上就是把评价简单化、形式化，只是为了给学习课程的学生

一个交代而已,起不到任何促进学生学习的作用。课堂评价的中心目的就是帮助学生在课堂上提高学习的质量,但终结性的评价即使有再多的反馈、再正确的建议也已经于事无补了,对学生和教师的促进作用也不大了,因为随着考试的结束,课程也结束了,甚至于毕业了。

学生评价是帮助学生学习和提高教师教学的主渠道,绝非验证"精英""尖子"的方法,评价要以学习为中心,采用多元评价方式,注重有效反馈。课堂评价中的有效反馈,就是在平时各种评价反馈中,要保持及时性、明确性、建设性,同时要有明确的评价策略等。研究评价的目的,了解评价真正的含义,改变一考了之的评价策略,不仅能促进学生学习,同时也能改变教师的课堂,使教师的课堂更加有效。

现实中,高校除课堂教学中的形式主义外,在教学研究上的"重申报,轻建设,少实效",教学管理上的"重发文,轻落实,少服务"等也都是形式主义的表现。结合当前群众路线教育实践活动,反思教学工作中的各种形式主义,"洗洗澡","治治病",对促进高校内涵式发展,提高高校人才培养质量有着重要的意义。

(《温州大学报》第126期,2013年9月30日)

做一个敬畏课表的好老师

胡来林

课表是教师与学生之间、管理者与教师之间、学校与家长之间未签字盖章的契约。课表从表面上看来，是一个按周排列的执行计划，但实际上课表中所排各类课程的数量、比例、类别，不仅是人才培养方案执行结果的映射，也是教育管理者和专业负责人有关人才培养理念和专业定位的写照。从某种意义上说，课表还是理论与实践、知识与能力、课内与课外、通识与专业等课程认识上相互对立与统一的结果。课表体现了各个不同时期的教育发展方向，是学校具体组织教学和教育工作的基本依据。做一个好老师应该敬畏课表。

敬畏课表，应科学合理地制定课表。课表的科学合理性，取决于人才培养方案制定的合理性。只有教育管理者和专业负责人具有先进的教育理念，把握专业人才培养方向，明了社会对人才培养的需求，关注教学研究动态，掌握本校学生的能力，以及师资结构和教学条件，才有可能把握不同类别课程、不同性质的课程、不同层次与水平的课程之间的平衡与比例，从而制定出科学合理的、具有前瞻性的人才培养方案，进而制定出科学合理的课表。

敬畏课表，应不出现因人排课现象。因人排课现象即课程连排现象。给同一位教师连续排 4 节或者 6 节课，或者让学生连续接受性质相似的 4 节或者 6 节课等。出现这种现象的原因，也许是方便管理者排课，也许是为了给教师提供方便。但教育是有规律的，合理地排课才能够让教师保持高昂的施教热情，最大限度地发挥教师的工作精力，同时也能充分调动学生学习积极性、减少学生的学习疲劳、提高课堂教学的有效性。做到不同性质学科合理搭配，交叉分布；尊重记忆规律，同一学科时间安排合理间隔；对效能差的课堂进行均衡分摊，才是排课的好方法,而不是因人排课。

敬畏课表,应不轻易调课和停课。调课与停课明显影响教学秩序,不仅打乱了课程进度安排,也打乱了学生的学习计划。不轻易调课与停课,是契约精神和信用的体现,也是以"学生为本"理念的实践。高校中调课与停课现象屡见不鲜,理由各异。或者因为组织学习,或者因为重要会议,或者因公出差,或者需要申报项目,或者需要汇报成果,等等。这些理由都具有一定的合理性,但如果和一位好教师相比,带病坚持上课,从不因私影响上课,把严格执行课表当作天经地义的事,尊重学生,尊重学生的学习,理由也就不再那么充分了。这种调、停课现象,至少反映了在少数人心目中,没有把课表太当回事,对课表缺少敬畏之心。

在当下以内涵建设为核心的高等教育中,无论是教育管理者还是普通教师,都应该敬畏课表。科学制定课表,合理安排教学,严格执行课表,心中有学生,才是一位好老师!

(《温州大学报》第151期,2015年3月30日)

钭晓东,博士后,教授,博导。曾任温州大学法政学院院长、副书记,入选教育部新世纪人才支持计划,主要从事环境经济法律与地方可持续发展研究。主持国家社科基金重点 1 项,完成国家社科基金课题 1 项,完成教育部重点基地重大招标、浙江省哲学社科规划重点等 10 余项省部级以上课题。参与全国人大立法《〈固体废物污染防治法〉修改》《〈环境保护基本法〉修改》等重大课题。先后在《*China legal Sciences*》《管理世界》《教育研究》等权威及核心期刊发表论文 80 多篇,多次被《新华文摘》《中国社会科学文摘》等论点摘编及全文复印。成果获浙江省哲学社科成果一等奖、入选国家社科成果文库。

唤醒大学的情商

钭晓东

一、大学的情商：尚需进一步唤醒的一块领地

情商(emotional quotient,EQ)意指情绪智力，是相对于智商(in telligence quotient,IQ)的一个概念。数据表明：一个人成功，智商占 20%，情商占 80%。尤其在强竞争力的形成与持续发展中，情商起关键作用。一所大学的持续发展，有如人的生命成长。一定意义上，无论哪所大学都有其自己的长相、血型、气质与性格，更有自己的智商与情商。无疑，根据自有特点，在强化自有“智商”同时，夯实“情商”，设计符合自身特质的“成长路线图”，是任何一所大学在生命周期中所必须认真思考的。而当今高等教育正步入一个转型发展期——正呈现“从规模数量扩张→注重质量提升”“从同质化发展→注重特色化凝练”“从关注硬指标的显性增长→注重软实力的内在提升”“从外延式发展为主→注重内涵式发展为主”等的四大转型。此四个方面转型，实质是对大学的“文化软实力、内涵建设”等“情商指标”提出要求。显然，我们必须转换视角——从以往仅注重于“论文、课题项目、科研经费等智商型 GDP 数值”转变为积极唤醒“涉及特质凝练、软实力提升、内涵式发展等情商型构成指标”。然而，在当今将论文、课题项目、科研经费等视为大学发展的 GDP 数值加以热衷追求的背景下，大学“情商”的关注度无疑是不够的，尚处于“沉睡”状态，亟待唤醒与挖掘。

二、情商的构成:“学府、学人、学业、学术、学统”的共同体

从传统意义上看,智商是用以反映智力水平的,智商高低反映智力水平高低。情商主要指人在情绪、情感、意志、耐受挫折等方面的品质。综合而言,个人的情商应包含以下几个层面能力:自我特质认知能力;耐挫、自我激励与重新出发的情绪管理能力;感知他人情绪、与他人沟通交往、人际关系管理与发展能力。

若将人的情商与智商延展至大学——若将“论文、课题项目、科研经费、招生分数线”等可计算数值视为一所大学的“智商”的话,那么“大学的精神与文化特质、人力资源开发机制、人才培养的社会适应力、学术氛围、服务地方能力与文明传承功效等”就属于大学的“情商”。一定程度上,大学乃“学府、学人、学业、学术、学统”的共同体。一所情商成熟的大学,必然是一座——有着“自有精神与文化”,有着浓厚的“学术氛围”,能吸引与开发不同类型的“优秀学人”,能为学生提供“成熟的学业”,有着及时回应地方需求、传承社会文明的“深层学统”的“特质学府”。

三、提升情商的五个重要方面

1. 凝练“弘扬创新意识、强调互哺共生”为核心内涵的大学文化,建构“特质学府”

三流大学卖文字,二流大学卖文凭,一流大学卖文化。形成自有的大学精神与大学文化是一所具有高情商大学学府的首要前提。大学是文化的酵母。人的自然人格由母亲孕育,民族品格由祖国给予,文化品格则由母校传承。大学既传递知识,也滋养文化。作为一所位处于温州的地方性大学,温州的“敢为人先”的创新本能与“抱团发展”传统意识,给我们以特有的地方特质与地气。因此,应该形成“弘扬创新意识、强调互哺共生”为核心内涵的大学文化,铸就学校的灵魂和精神,促进“学工—专业—学科、学校—教师—学生、人才—团队—平台、学校—地方”的互哺共生,推进“文化立校”。

2.人力资源的“分类分层发展”,开发“优秀学人”

大学不在“大”,而在“学”,“大楼与大师”并非所有学校都能拥有的。教师学人就是大学。作为一所地方性大学,温州大手笔引进全国有重大影响的“大师”绝非易事,更何况还可能面临“水土不服”的风险。但这绝不是说我们就不能形成自己的人力资源储备,我们需要形成适合自己特点的“分类分层发展”的人才资源开发机制。一方面,借助“内培+外引”的双轨,厚实人力资源储备,优化人才结构,完善用人机制,促进“榜样鲶鱼效应”形成。另一方面,唤醒与挖掘现有人力资源作用,找准每位教师在学校发展中的位置,将合适的人放在科研、教学、学工等合适的岗位上。依据各自特色,分类发展,共谋出路;推进绩效评价的“历史贡献、当前业绩、明日潜力”三位一体,积极、公正地评价每位教师学人在学校发展中的优势、作用与贡献;充分延续每位教师的“主人感、授教成就感、学术研究事业感、校园生活幸福感”。

3.建构成熟的人才培养模式,提供“成熟学业”

学生的成长是大学的存在目的而非手段。在一定程度上,职业教育是“使生成匠”,高等教育是“使生成才”,研究生教育是“使生成器”。从情商视角看,“成熟学业”要求的不是仅仅生产“只会考试的学生”,其更需要学生的创造性思维和实践能力训练。因此,作为温州的地方性大学,我们需要突出人才培养的“立地型、应用型”目标定位,使区域发展与人才培养目标紧密结合,将地方问题与地方元素融入课堂教学、课程体系、专业建设中,强调问题意识与社会责任感培养,推进人才培养“分层分类”模式的构建。

4.形成科学的科研评价体制,营造浓厚“学术氛围”

“洪堡精神”强调:除人才培养外,科研学术也是大学的中心职能。在当下,科研常存在“重理工轻人文、重数量轻质量、重论文轻应用、重专利轻转化、重形式轻内容、重经费轻成果”的六重六轻境况。其重要根源在于学术氛围不佳、科研评价标准与体制不科学。要营造浓厚的“学术氛围”,须将“问题导向”融入具体的学术活动中;将研究者的学术兴趣引至国家和社会需求上;将以学科为中心的科研模式转至以社会服务为中心;将校内科研渗透到行业发展轨道中,促进科研与行业的共生发展。在科研评价体制完善上，须实现从数量标准向质量标准转化，推进“影响因子、引用率、对生产力的贡献、社会经济文化效益”等评判标准的适用，从而使大学真正成为科研创新、社会经济与精神财富创造的源头活水。

5. 打造对接地方发展需求、传承社会文明的“深层学统”

19 世纪 30 年代，美国部分院校将“脚上踩满牛粪的教授就是最好的教授”作为评价标准，开辟了大学的社会服务与推动社会进步功能。大学是影响社会发展方向的思想库，其不仅传播知识，更是传递社会责任感与社会价值观、收藏社会良心的地方。关注社会进步与文明传承是大学的良心，应成为大学的“深层学统”。而从另一层面看，社会问题破解与社会文明演进是大学可持续发展的发动机。正是社会需求的牵引，为大学情商的夯实、大学生命周期的可持续提供了生生不息的地气与动力。无疑，“大学—社会的互哺共生、共进共赢”是大学之情商的精髓。其从深层次决定了大学这一“学府、学人、学业、学术、学统”的共同体的生存与发展，一个地方性大学更是如此。对于一个大学的发展而言，若“顶天”尚未成熟，就从“立地”与“形而下”开始吧。

（《温州大学报》第 135 期，2014 年 3 月 30 日）

施晓秋，教授，浙江省教学名师，温州大学教务处长。主要社会兼职有中国计算机学会教育专委会常务委员、全国高校计算机教育研究会理事、浙江省计算机教学指导委员会委员等。主持完成省部级(含)以上本科教学工程项目 13 项，其中包括“网络工程”国家专业综合改革试点专业、“计算机网络基础”国家精品资源共享课程、网络工程虚拟仿真国家级实验教学中心、《计算机网络技术》普通高等教育“十二五”暨“十一五”国家级本科规划教材；主持获得浙江省高等教育教学成果一等奖 2 项；在《中国高教研究》《高等工程教育研究》和《中国大学教学》等期刊发表教研论文多篇；主持完成国家自然科学基金面上项目两项。

人才培养:高校永恒的主题

施晓秋

自我校将2012年确定为“人才培养质量年”以来,广大师生纷纷发表见解,共话人才培养质量,献计学校科学发展。如何进一步深入认识“人才培养质量年”?学校在“人才培养质量年”开展哪些重点工作,采取哪些具体举措?带着这些问题,本报记者(以下简称记)采访了我校教务处处长施晓秋教授(以下简称施)。

记:作为教务处处长,你是如何认识“人才培养质量年”的?这是否意味着人才培养在今年特别重要?

施:人才培养是高校永恒的主题,从这个角度来讲,年年都是“人才培养质量年”。学校党委之所以将今年定为“人才培养质量年”,我个人理解其目的是进一步强调人才培养的核心地位,关键是希望大家能够在这个时间段内投入更多的精力,去深入思考与分析人才培养的现状,以“质量年”为契机破解我校在专业建设与人才培养中所存在的一些瓶颈问题,从理念、制度与机制创新中增加专业建设与发展的动力与机遇,提升人才培养质量与竞争力,为未来几年学校的更好、更快发展奠定基础。

记:你认为通过“人才培养质量年”能解决当前及未来一段时间内我校在人才培养方面所存在的所有问题吗?

施:这是不可能的。人才培养是一项复杂的系统工程,需要一个由多元要素构成的人才培养“生态系统”来支撑,这些要素包括办学思想与理念、专业与学科、制度与政策、教学与管理队伍、经费与投入以及外部环境等，这些要素之间相互联系又相互制约。而“生态”意味着能够通过这些要素之间的合理配置、有机互动，形成一个自我平衡与调节的良性发展系统。这是一种理想状态，我们离这个目标还有一定距离。要从根本上提升人才培养质量，学校需要解决的深层次问题不少，这不仅需要时间与耐心，更需要思路与勇气。

记：听起来你有点悲观，是这样吗？

施：不完全是。不过我们当前面临的一些问题确实不是哪一个领导或部门单独能够解决的，它们需要多个层面、多角度合力才能解决。但我相信，只要每个部门、每个学院、每位领导与教职员工都能从人才培养的大局出发，以学生发展作为我们一切工作的出发点与落脚点，很多问题就能迎刃而解，我们的人才培养环境也会变得越来越好。

记：教务处在“人才培养质量年”中开展哪些重点工作，采取哪些具体措施呢？

施：大致开展制度建设、教学改革与教学保障 3 个方面的重点工作。在制度建设上，面向学院，重点在于如何通过考核与激励机制，进一步增强学院在专业建设与人才培养上的质量意识、主动意识与危机意识，包括修订“学院教学工作业绩考核办法”，启动“学院教学质量年度报告制度”制订的前期调研，同时也将考虑学院教学工作业绩与年度质量的后期利用问题；面向教师，修订“温州大学教师教学业绩奖励办法”，这既是适应“十二五”教学工程变化的需要，也是继学校修订科研业绩奖励办法之后，重新平衡教学与科研等有效奖励的政策。同时，结合教育部与教育厅相关文件精神，教务处与人事处联合出台青年教师助教制度；面向学生，重点修订包括学生学籍管理和学生转专业条例等在内的一批管理规章制度，其基本导向是在教学管理中进一步体现与落实以学生为本的理念。

记：教学改革方面的重点工作有哪些呢？

施：在教学改革上，主要以“十二五”各级本科教学工程为抓手，进一步深化人才培养模式改革。其中,具体的工作内容非常多。在学校层面,本学期通过顶层设计重点要抓的工作有这么几项:首先,继续推进课堂教学模式改革,这项活动上学期已经启动了,效果不错,这学期还将扩大与深入。其次,要启动一批公共基础课程的改革以及品牌通识课程建设,切实发挥这些课程在人才培养特别是"全人"教育上应有的作用。再次,以落实专业负责人制度为抓手,督促各学院进一步加强"十二五"重点建设专业的人力投入;以推进教育部"卓工"试点专业年度工作为契机,探索与总结人才培养模式改革的新思路与新做法,并召开人才培养模式改革现场会,通过现场会形式促进不同专业之间的交流。最后,要启动"国家级大学生创新创业计划"项目的立项工作。我校已经于近期被教育部列入"国家级大学生创新创业计划"试点学校,学校将根据上半年制定的"国家级大学生创新创业计划"试点学校工作方案,依托各学院落实该计划,使之真正惠及学生。

记:教学保障上的主要举措是什么?

施:作为相关的职能部门,协助学校推进教师教学发展工作。

记:教师教学发展这个词听起来有点新,为什么要将它作为重点工作?

答:教师是人才培养的根本保障。学校硬件设施再好,没有好教师还是枉然。前者是躯壳,后者是灵魂。我想,没有哪个教师不希望自己的教学质量是受到学生认可的。但有时候,由于教学理念、教学方法与手段、教学技能等方面的种种不适应,可能会导致教学效果事与愿违,除了教师的主观努力外,通常还需要从外部为教师提供支持与帮助。教师教学发展涉及教师职业生涯中教学理念的与时俱进,教学能力与教学水平的持续提升。就我个人的理解,这里所指的教师应该是广义的,包括教师与教学管理人员。

记:你认为教师教学发展应该如何实现?

施:一方面,教师个人要自觉通过学术研究、教学实践、社会服务来不断提升自身的教学能力、水平与素养。另一方面,需要来自外部的支持,包括政策鼓励、机制约束与平台支持。政策鼓励是指学校与学院应当制订相应的政策来鼓励教师重视教学发展;机制约束是指应有一种机制将教师教学发展作为教师个体发展与学校师资队伍建设的重要内容,并能够得到落实;平台支持是指能够在教师教学发展过程中提供切实可行的渠道与帮助,除了教师外出进修、访学等传统形式外,还应该在行政职能中强化教师教学发展的管理职能,如成立教师教学发展中心,以此为依托在教师教学发展过程中提供有针对性的咨询与培训服务,创建交流与研讨的平台。

(《温州大学报》第 108 期,2012 年 9 月 15 日)

姜海燕,女,中共党员,副教授、硕士,浙江苍南人,1978 年 9 月出生。现任温州大学步青学区党委书记、学区主任,温州大学心理健康教育校内专家组成员。主持完成厅局级课题 3 个,校级课题 1 个,发表国家核心期刊论文多篇,其中一级 1 篇;多年来承担“大学生职业生涯发展与就业指导”课程的教学工作,并参与完成该课程的教材编写和精品课程建设。工作期间,曾获“浙江省优秀辅导员”“浙江省大中专学生暑期‘三下乡’社会实践先进个人”“温州市优秀共青团干部”,校级“优秀共产党员”“优秀教育工作者”等荣誉。人生格言:“千里之行,始于足下。”

好老师要走进学生的心灵

姜海燕

中国工程院院士李培根教授曾经说过:“大学教育的最高境界,不是知识的抵达,不是就业的抵达,而是心灵的抵达。”固然,这句话是指大学教育的目标,亦可指学生上大学的目的,而我的理解是,这句话同样适用于一名好老师的标准,那就是一名好老师不仅仅要致力于教育之术,即传授学生知识、促成学生就业,更应致力于教育之道,注重对学生心灵成长的教育,让大学生在毕业后不仅成为一位有学识之才,还要成为一个和谐的人。因此,好老师要走进学生的心灵。

要做一名“守线”的好老师。2015 年 1 月 29 日,教育部袁贵仁部长在教育部学习贯彻《关于进一步加强和改进新形势下高校宣传思想工作的意见》精神座谈会上表示,高校教师必须守好政治底线、法律底线和道德底线。作为高校思政工作者,理应带头讲政治,坚定立场,明确教育的政治方向,守住政治底线,坚决抵制错误思潮。正如习总书记所说:“人生的第一个扣子要扣好。”政治底线就是好老师开展育人工作的第一颗扣子,指引着我们的教育方向。所谓学术研究无禁区,课堂讲授有纪律,好老师应依法开展教育教学活动,守住法律底线。我们还要守住道德底线,肩负起身正为范的育人榜样作用。这 3 条底线应成为一名好老师的执教之本、行事之基,确保高校讲台上传播正能量和好声音。

要做一名“走心”的好老师。用责任心走入学生的心灵,只有包含细心和耐心在内的责任心,才能在刚性的管理中结合柔性的服务,才能做到因材施教,才能承担起教书育人的职责;用爱心暖化学生的心灵,爱是教育的源泉,鲁迅先生有句话:“教育是植根于爱的。”教师有了爱,才会对教育对象充满信心和爱心,才会有追求卓越和创新的精神。学校是学生的第一社会、第二家庭,为人师者,用我们真诚的爱心抽空走走学生的寝室，和学生聊聊学业上的那点事儿；逢年过节，短信、微信嘘寒问暖一下家里的那点事儿。当爱心在细微处闪现时，讲台上的我们开始触碰学生的心灵，我们与学生间的距离不再遥远。

要做一名“助力”的好老师。首先要助力学生养成对生活的积极心态和对自我的正确认知，积极自信的健康人格是未来路上风雨兼程的基础；同时要助力学生学会对学涯的规划力，引导学生思考自己为什么来大学，毕业后又将做什么，学会规划学业生涯；助力学生提升对职涯的竞争力，引导学生对专业特长与职业方向的自我认知，更好地推动学生积淀未来职业生涯的竞争力。

作为高校的思政工作者，理应是抵达学生心灵的第一梯队的人群，让我们以爱为底色，以教师的职业道德为生命根基，走进学生的心灵，走进真正的教育。

（《温州大学报》第156期，2015年6月15日）

胡瑜,男,1975 年 8 月出生,湖北秭归人,1997 年毕业于华中师范大学心理学系,后在华东师范大学心理学系获得应用心理学专业硕士学位、基础心理学专业博士学位。主持国家社会科学基金、全国教育规划课题、浙江省哲学社会科学规划课题、浙江省公益技术研究项目,参与国家社科基金、教育部人文社科项目等多项课题研究,在《心理科学》《中国特殊教育》《心理发展与教育》《心理与行为研究》《中国心理卫生杂志》等核心期刊发表论文 40 余篇,其中多篇论文被人大复印资料《心理学》等转载,研究成果获得浙江省哲学社会科学优秀成果二等奖、浙江省高校科研成果奖二等奖、浙江省第六届青年社会科学优秀成果二等奖等奖项,目前的研究领域是人格心理学和棋艺心理学。

应用型人才培养更需要突出实践环节

——基于教师教育实训教学模式探索的启示

胡 瑜

人才培养是个系统工程,如果把人才培养看成一个水桶,那么人才培养的各个环节就是组成水桶的众多木板,这些木板最终决定了人才培养的水平和质量。然而,出于主、客观等多方面的原因,高校不同程度地存在着重理论轻实践、重知识传授轻能力培养的倾向,实践教学成为水桶的最短木板。

实践环节既包括实验教学、实训教学,也包括实习、见习和研习,还包括社会调查、生产劳动、参观考察、志愿服务、公益活动、科技发明、勤工俭学和暑期社会实践等社会实践活动。强化实践环节既符合“坚持教育与生产劳动和社会实践相结合”的党的教育方针,也符合国家“深入实施素质教育,大力提高高等教育质量”的总体要求。对学校来说,实践教学是教学工作的重要组成部分,是深化课堂理论教学的重要环节;对学生来说,实践教学是获取知识、掌握知识的重要途径,也是提高综合素质的有效手段。正如教育部部长袁贵仁在全面提高高等教育质量工作会议上的讲话中分析指出的,学生的综合素质,主要包括社会责任感、创新精神和实践能力,其中实践是基础,不参加社会实践,就不会有社会责任感,也不会有创新精神,不了解国情、不了解社会、不了解人民,何谈为国家奋斗,何谈为人民服务。基于此,教育部等 7 个部门联合出台了《关于进一步加强高校实践育人工作的若干意见》,要求充分认识高校实践育人工作的重要性,统筹推进实践育人各项工作,切实加强对实践育人工作的组织领导。

近年来,我校紧紧围绕应用型人才培养目标,全面加强和创新实践环节,特别是在实验实训教学方面做了许多努力,取得了一些成绩。在最近浙江省省级实验教学示范中心验收中，我校 3 个实验教学中心通过验收并得到专家组的一致好评，以“项目引领、多维整合”为特色的教师教育实训教学中心名列其中。下面仅以该模式为例，谈一谈在师范生培养中如何突出实践环节的问题。

“项目引领”，一是指我校以师范生校内实训项目为基础和载体，有效提升师范生的教学技能。这些实训项目由各师范类专业学科教学法与教师教育技能课程教师提供，形成项目清单，并将此实训项目列入全校师范生人才培养方案，采取滚动式选课的方式，在第 3—6 学期内让师范生选足 4 个项目进行实训，每个项目为 0.25 个学分，然后由实验教学中心通过自行开发的实训项目网络管理平台，根据学生选课情况进行开课与管理。二是指学校通过国家大学生创业创新、省大学生新苗计划、校实验室开放，以及教师教育实验教学中心的建设等项目的实施，来加强学生专业实验和研究技能的训练，从而提升他们的创新能力和实践能力。

“多维整合”，是指在“项目引领”的基础上，尝试进行 4 个方面的整合。第一，以实训技能体系整合课程体系。比如，学前教育专业围绕儿童创编与展演，以儿童语言艺术、儿童歌舞创编、儿童美工设计与制作、儿童游戏与体操创编等四大课程构成主干支撑课程逐步拓延，构建以实训课程为主的“星型环状结构”课程体系，完成对学生从点到线、从面到体的多维塑造。第二，以专业工作坊整合师生教学共同体。设置语言艺术工作坊、儿童剧剧社、书法工作坊、新媒体工作坊、软件工作室、摄影摄像工作室、合唱工作坊、表演唱工作坊、心理测量工作坊、美术工作坊、舞蹈工作坊等 11 个学生工作坊，以学生为主体，教师为指导，开展常规实训活动，形成情感融洽、目标明确、积极进取的师生合作共同体。第三，以任务目标整合实训运行与管理体制。例如师范生以参加省师范技能竞赛为任务目标，实验教学中心协调、配合各学院开展“师范技能过关模拟—师范技能过关考试—院赛选拔—校赛选拔—校队集训模拟”，在此过程中，形成了完善的运行管理流程。第四，以联动校内外实训教学资源整合、拓展实训平台。比如，教师教育实验教学中心在两所实践基地学校配备了远程终端，实现了我校与基础教育优秀教育资源的共享共建，还与兄弟高校实现了教师教育资源同步共享；在以儿童剧为载体的实训课程教学改革中，幼儿园实践基地为学生创编儿童剧提供了前期准备空间,而社会剧院、乡村、海岛、学校、幼儿园等为后期儿童剧的展现提供了平台和反馈渠道。

实践出真知,实训收成效。独特的实训教学与管理模式有效提升了学生的实践技能,近三年学生在各级技能比赛中获得优异成绩。教师教育专业学生获得大学生科技创新项目 54 项,国家级奖项 55 项,省级奖项 132 项,其中包括全国大艺展一等奖、中国教育机器人大赛一等奖、全国师范院校书法大赛团体特等奖、中华颂全国比赛一等奖等。此外,学生开展了儿童剧、微笑联盟、知心姐姐、艺术之春、社会角色体验等丰富多彩的社会实践活动,极大地提升了大学生的综合素质,如学前专业学生的儿童剧,使学生的编剧、舞蹈、音乐、美术等专业技能以及创新意识、社会责任感都得到了提高。

与此同时,在实训教学特色模式的探索过程中,我校教师教育专业教师的教、科研能力也得到了迅速提升。近年来,相继获得国家社科基金、全国教育规划、教育部人文社科、省新世纪教改等一批研究项目,在权威和核心期刊上发表了一系列论文,出版了 20 多部实验(实训)教材,获得国家精品课程立项 4 项。

植根悠久的教师教育传统,我校教师教育实践教学逐步走出了一条与众不同的改革之路,形成了“项目引领、多维整合”实训教学与管理模式,这既是广大教师辛勤耕耘的结果,也是学校高度重视人才培养和专业教学的成果。为了进一步加强实践环节,我们应该在坚持“教学业绩和科研业绩等同”观念的基础上,再树立“两个同等”的思想,即实践教学和理论教学同等重要,实践教师和理论教师同等重要,坚持把理论教学和实践教学紧密结合起来,而不能把实践教学看成是理论教学的附属环节。唯有如此,才能真正实现提升应用型人才培养质量的目标。

(《温州大学报》第 129 期,2013 年 11 月 15 日)

陶月良，硕士，副教授，浙江省植物生理学会常务理事。主持省自然科学基金“水稻低叶绿素含量系列突变体光抑制机制及与产量关系”和“野生与栽培元胡遗传多样性及核心种质构建”及多项市厅级科技发展项目；主持省课堂教学改革项目“递进式双四维课程群实践课堂教学改革——以植物生物学方向课程群为例”及多项校教改项目；曾获省科学技术奖二等奖 1 项和省高等学校科研成果奖三等奖 1 项，入选温州市跨世纪人才第二层次(551)。2009 年获浙江省大学生职业生涯规划大赛“优秀指导老师”称号，2013 年获校陈国同奖励基金“育人典范奖”，2014 年获中国植物生理与植物分子生物学学会“先进工作者”称号。

走进学生的心灵

陶月良

作为一名教师，教书育人是天职。怎样提高教育的实效性，帮助学生更好地成长成才？这是我从教以来一直思考的问题。20多年的教学实践让我认识到：对学生倾注满腔的爱，这是教育的基础；善于和学生沟通，鼓励、赏识学生，走进学生的心灵，这是教育的关键；尊重学生，公正、平等地对待每一个学生，这是教育的基本准则。

一、爱是教育的基础

苏联著名教育家马卡连柯说过："爱是教育的基础，没有爱就没有教育。"爱是人类最复杂的情感表达，期待别人的关爱是人所共有的心理需求，离家求学的青年学生，尤其渴望得到老师的关爱。而教师只有对学生献上爱心，才能赢得学生的尊重、信任和亲近，师生间建立良好的情感基础，从而达到优化教育的效果。

热爱学生是一切教育教学工作的基础和前提。只有热爱学生，才能教育好学生。教育之树只有植根于爱的土壤里，才能结出丰硕的果实。离开"爱学生"这一基础，教育中的一切技巧和方法都将变得苍白无力，产生不了任何实际功效。高尔基说："谁爱孩子，孩子就爱他；只有爱孩子的人，才可以教育孩子。"如果师生关系融洽，学生会把老师的表扬当鼓励，把老师的批评当爱护；如果师生关系紧张，学生会认为老师的表扬是哄人，批评是整人。因此，使师生之间从最初的陌生关系变为无话不谈、言无不尽的良师益友，是教师从事教育教学工作的第一要务，而要做到这一点，最有效的途径就是把自己的爱倾注到每一个学生的心田,尊重学生的自尊心、个性和人格,关心学生的学习和生活,使其身心健康地、全面地发展。

有学者认为:"疼爱自己的孩子是本能,而爱别人的孩子是神圣!"因此,教师对学生的爱在性质上是一种只讲付出不计回报的、无私的、广泛的且没有血缘关系的爱,在原则上是一种严慈相济的爱。这种爱是神圣的。这种爱是教师教育学生的感情基础,学生一旦体会到这种感情,就会"亲其师",从而"信其道",也正是在这个过程中,教育实现了其根本的功能。

二、走进学生的心灵是教育的关键

卡特罗吉斯说过:"如果我能知道他表达了什么,如果我能知道他表达的动机是什么,如果我能知道他表达了以后的感受如何,那么我就敢信心十足地果敢断言,我已经充分了解他了,也能够有足够的力量影响并改变他了。"这句话被称为管理界的至理名言,它同样适合于教育。教师只有走进学生的心灵,充分了解学生,及时洞察学生的内心世界,准确把握学生的心理,才能进行因势利导、有的放矢地教育,取得事半功倍的教育效果。

要走进学生的心灵深处,赏识、鼓励很重要。著名哲学家詹姆士说过:"人类本质中最殷切的要求就是渴望被肯定,而学生更是如此。"每一个学生都热切希望得到别人的欣赏,真诚的赞美可以拉近心灵之间的距离,吸引学生真心向你靠拢、聆听你的教诲、认同你的教导。因而,教师要学会多鼓励、少批评,对学生的点滴进步都要发自内心地给予表扬和赞赏。赞美是阳光、空气和水,是学生成长过程中不可缺少的养料。

以往的经验告诉我:当一个学生反复遭遇失败的打击后,他就可能变成差生。因而,让差生变好就要反其道而行之,即让学生反复感受到被肯定和成功的喜悦。一个学生如果生活在鼓励和认可中,他就会自信和自强。所以,要善于发现学生的优点,创设使其自信或成功的情境,挖掘他的学习潜能,让学生在老师的赏识中愉快地接受教育,自觉地改正缺点、完善自我,不断提高学习的积极性、主动性,从而实现自我发展。

教师对学生的肯定和赞赏，不仅使学生获得了自信，同时也拉近了师生间的距离。教师要善于抓住良机，适时与学生交心，动之以情，晓之以理，慢慢走进学生的心灵。

有这样一则故事：铁棒费了九牛二虎之力却撬不开锁，而钥匙轻轻一转就把锁打开了。铁棒问："钥匙，这是为什么?"钥匙回答说："很简单，因为我懂锁的心。"教育学生同样需要懂得学生的心。教师只有让学生感觉到你是懂他(她)的，才能赢得学生的信任，学生才有可能敞开心扉，才愿意跟你说心里话。教师也只有懂得学生，才能真正了解学生想什么，才能洞察学生遇到什么问题，问题的本质是什么，才能想办法帮助学生解决问题，从而达到事半功倍的教育效果，正所谓"敞其心，才能知其心，知其心，方能求其失，求其失，终能解其惑"。

三、公平对待每一个学生是教育的基本准则

公平地对待每一个学生，就是既要一视同仁、不存"偏心"、公正地对待每一个学生，又要将心比心、以平等的视角看待学生、尊重和理解学生。

首先，要做到公正对待每一个学生。既爱"金凤凰"，也爱"丑小鸭"，让每一个学生都能在教师爱的沐浴下健康成长。有的教师往往以自己的标准来界定所谓好的学生或不好的学生、喜欢的学生或不喜欢的学生。多年的教育工作经历让我明白，学生没有"好""坏"之分，每个学生身上都有闪光点，教育好了都是人才。由于所谓的"坏"学生身上的潜能还没有被充分发现和挖掘，因而，在实际工作中，教师要更加关注、关爱、尊重这些学生，通过沟通拉近与他们的距离，走进他们的心灵，只有这样，学生才能敞开自己的心扉，真诚与老师交流，共同寻找解决问题的办法，以求取得进步。

其次，教师要"俯下身来"平等看待每一个学生。由于年龄与阅历的不同，教师与学生之间客观上确实存在着距离，如果我们一味强调师道尊严，以长者的说教、训斥作为教育学生的手段，其结果只能导致师生对立，不利于教师教育，也不利于学生成长。我们要真心关爱、真诚沟通，站在学生的角度去关心他们，多找他们谈心，耐心倾听他们心声、了解他们的需求、掌握他们的困惑，和他们一起解

决难题，尽心帮助学生成长。要用一颗平等的心与学生交往，尊重学生，讲求沟通的技巧和方法；要用一颗宽容的心对待学生，真情互动，为他们取得的点滴成绩感到由衷的高兴，使教育在学生的心底开花、发芽，结出累累硕果。

著名教育家陶行知说过："真教育是心心相印的活动，唯独从心里发出来的，才能打到心的深处。"真心关爱学生，走进学生心灵，拥有心对心的尊重，才会具备明察秋毫的教育敏感和游刃有余的教育智慧，才能找到解决学生一切问题的方式方法，才能为学生的成长、成才导航。

（《温州大学报》第130期，2013年11月30日）

袁建国，教授，硕士生导师，教育部高等学校体育教学指导委员会委员，浙江省高等学校“教育学类”教学指导委员会委员，体育行业国家职业资格培训基地负责人，国家级田径裁判。2007 年温州大学 A 类重点学科带头人，2011 年温州大学体育学 A 类重点学科负责人，温州大学体育教育专业特色专业负责人，温州大学“教坛名师”。主持国家社科基金项目 1 项、省部级科研立项 3 项，主持浙江省新世纪教学改革项目 1 项，厅局级科研立项 7 项，出版专著 4 部，编著 6 部，发表学术论文 50 多篇，1 次获得国家体育总局体育哲学社会科学“十一五”优秀成果三等奖，获得浙江省教育厅颁发的浙江省高等学校科研成果奖二、三等奖各 1 次。

促进科研教学融合相长
全力提升人才培养质量

袁建国

改革开放以来，我国高等教育完成了由精英教育向大众化教育的转变，教育规模扩张之后的核心问题已转到提高人才培养质量上来。提高人才培养质量是高等教育的核心价值追求，也是高校生存和发展的基础。

现代高校承担着人才培养、科学研究、社会服务和文化传承等多项职能，并日趋多元化。高校的多项职能虽然并不是处于同一个平面上，其形成过程以及作用也是各不相同的，但他们应该是相互支撑、相互渗透的。人才培养是高校的根本任务，居于高校工作的核心地位，其他职能要服务和服从于人才培养工作。

然而，长期以来，人们把高等学校的"教学"等同于"人才培养"，"教学"似乎成为"人才培养"的唯一途径。这种理解实际上是将人才培养简单地划为"教学"的功能，而"科研"就是从事科学研究，与人才培养没有什么关系，这在宏观层面上把高等学校的人才培养和科学研究人为地割裂开来。再者，当前评价高校办学水平的主要指标是教授、重点学科、科研项目及经费等的数量，这就导致了一些高校把科学研究、学科建设等工作摆在核心位置，而忽视了对教学的投入，甚至对教学缺乏热情。迫于评价考核的压力，许多教师也把主要精力用于完成各项硬性的科研指标上，从而挤占了教学工作的时间，出现"重科研轻教学""科研教学两张皮"等现象。

一、要提高人才培养质量，首先必须正确认识科研、教学与人才培养的关系

在高等学校，“教学”和“科研”两者之间是相互包含和相互融合、不可分割的整体，它们共同承担着人才培养的职责。

教学是人才培养的主渠道、主要形式，忽视教学工作就是忽视人才培养工作，不能只强调科学研究的重要性而忽视教学工作。但“教学”中有“科研”，人才培养绝不仅仅是“教学”的职责，不是仅靠教学就能完成的，不能把人才培养工作等同于教学工作，没有高水平的科研就没有高质量的教学。一个优秀的大学教师不仅要具备很高的教学水平，还要有出色的创新素养和科研成就。“高校教学没有科研作基础，是一种没有观点、没有灵魂的教育。”所以，大学教师不仅要上讲台，还要“进平台”，开展科学研究，并积极推进科研成果在教学中的转化和应用。

同时“科研”中有“教学”，“科研”也同样承担着人才培养的职责。高等学校的科研并不等同于科研机构的科研，高等学校的科研是具有教育性的科研，科学研究对于高校培养创新型人才有着不可替代的教育功能。高校教师不能“仅为科研而科研”，进行科学研究的目的不仅在于出科研成果，更要促进科学研究与人才培养的紧密结合。高校要通过开展科学研究工作，提高教师的教育教学水平，培养学生的严谨品格、合作精神和创新能力，充分发挥科研对教学的反哺与促进作用。

二、要提高人才培养质量，就必须扎实推进教育教学、考核制度及奖励机制的改革

2012 年是学校的“人才培养质量年”，在全校师生员工达成广泛共识的基础上，我们应抓紧时间，一鼓作气，进一步推进教育教学改革，形成规范和合理的管理体制，把共识变成可以落实和实施的工作机制。

进行教育教学改革，重点要放在转变那些不符合教育规律和人才成长规律

的做法上。进一步改进教学方法，优化各专业课程体系，合理设置各年级课程。在资源配置、经费安排和业绩评价中要体现教学工作的重要性，努力让教师感受到在教学中有突出成绩的，也能获得与从事科研工作同等的回报，从而充分调动教师投身教学改革工作的积极性，促使教师安心从事教学工作。

在现实条件下，要实现科研和教学的融合与配合，将学校现行的科研优势转化为人才培养的优势，就必须创新相关的管理制度和政策。在教学、科研、社会服务等活动中对人才培养有贡献的教师或教学团队，要给予相应的奖励，以鼓励从事科研工作的教师和具有高水平教学能力的教师都参与到人才培养的工作中来。在考核教师的业绩时，要把他们是否指导学生开展科研活动或让学生参与自己的科研活动作为一项重要指标，引导教师通过开展科研来服务人才培养工作，让科研成果和科研资源转化为教育优势。促进教师通过教学和科研"双肩挑"的方式来培养高素质的人才，有效构建学生的知识结构、能力结构和个性品质结构。

人才培养工作是一项系统工程，我们要确立人才培养在学校工作中的中心地位，进一步促进教学、科研、管理等各项工作的融合互动，共同为人才培养服务。

（《温州大学报》第105期，2012年5月15日）

夏春雨,男,汉族,中共党员,现任温州大学党委组织部副部长,副教授,主要从事高校思想政治教育和大学生创业教育研究。温州市“551”人才第二层次培养人选。先后主持厅局级以上课题10余项;作为核心成员参与省部级以上课题5项。曾发表论文20余篇。相关研究成果曾获得浙江省科学技术奖、温州市哲学社会科学优秀成果奖等厅局级以上奖项10余项。是2014年国家教学成果一等奖“面向中小企业的地方本科高校应用型人才培养探索与实践”、2009年国家教学成果二等奖“依托区域优势构建具有温州特色的创业教育模式”的主要成员。

古代书院治学传统对我国当代大学教育改革的启示

夏春雨

《辞海》将书院定义为“中国古代的一种学校类型,始创于唐代”。

我国古代书院发端于唐代中后期,且私家书院早于官办书院。有资料表明,唐代私家书院已具备了教书、念书、藏书、著书、刻书等教育文化机构的基本功能。到了宋代,书院逐步形成了一整套完整、严密的包括办学宗旨、教学方式、教学内容、经费来源、组织机构等在内的制度。经历了元代的徘徊与恢复,明代书院发展到鼎盛期,促进了教育的普及,活跃了学术思想,巩固了书院的创新性特质。到了清代,尤其是鸦片战争以后,随着封建体制的沦落与瓦解,古代书院逐步走向没落。1901 年清廷“新政”之后,历时千年的书院制度终被废止。

尽管中国古代书院历经千年风雨最终消逝在历史的长河里,但这不影响其在中国传统文化中的重要地位和作用,特别是其独特的教育传统,对于当代大学教育依然具有重要的借鉴与启示。归结起来,至少有三个方面:

一、重视人文教化之主旨

近现代以前,儒家思想文化始终占据着中国社会思想文化的绝对统治地位。诚如陈寅恪所说,是建基于儒家的三纲六纪的。即便是在近代,各种运动、革新与思潮对中国传统文化批判愈演愈烈,但传统文化并未真正消亡,儒学也只是被“去中心化”了。因此,以儒家文化为代表的中国传统文化的人文教化功能与倾向在教育领域始终保持强势。作为学习和传播儒家思想文化的重要阵地,古代书院重视人文教化无疑是其题中之意。各类经史典籍中对这一传统教育思想的记载与论述随处可见。《周易》中说："观乎人文，以化成天下。""圣人久于其道而天下化成。"相较于古代，我国现行教育特别是高等教育领域，长期以来以现代大学制度较为先进的西方大学为办学参照系，西化色彩偏浓。所谓"规模化"教育、"订单式"培养等，其实质就是一套程式化的、机械的、类似于工业生产流水线式的"产品"制造，忽视了教育对象的个体差异，忽视了不同个体对批量知识传授的理解、接受差异等。对教育对象的工具理性、功利性评价至上，偏重外在事功，轻内在的安身立命。有教育学者直言：应该警惕当代大学教育的技术主义路线。由此，在现代大学教育与管理中，承袭古代书院重人文教化的优良传统，重拾被弱化、被淡漠的人文主义教育，特别是以中国传统文化为重点的人文素养教育，一定是大有裨益的。这既有利于推进中华优秀传统文化的代际传承，有利于帮助学生树立正确的人生观、世界观和价值观，同时也是当代高等教育培育和践行社会主义核心价值观的应有之义。毕竟，只有教育的完善，才可能有完善的教育。

二、倡导自由学术之风气

我国古代书院一向有着重宽松、自由的治学环境氛围。学者、师生间一般围绕某一共同感兴趣的知识、话题自由论学、论道。书院的办学与管理规制大多也比较宽松，教与学的方式方法也是灵活多样的。这样的传统与氛围，一直伴随着中国古代书院千年沿袭发展轨迹。即便是在明清时期，书院的"官化"色彩渐浓，也没有从根本上改变这一治学传统。客观地讲，由于时代背景不同，加之现代大学与古代书院在定位、功能，甚至机构性质等方面都存在诸多差异，完全照搬古代书院的这些治学传统是不现实的，也是不科学的。但回看我国当代高等教育，因受西方教育思想的影响，呈现出越来越严重的功利化倾向，学风浮躁，很多政策导向、评价导向本身片面化、急功近利；学校内部治理行政化色彩偏重，追求"高、大、上"之风盛行。这样的环境氛围直接导致林林总总的学术不端、学校管理行政化、人才培养机械化等现实困境，进而诱导学校的教育观念、学者的学术理想、学生的学习动机等的异化。大学由教育公益转向生产工具,由社会引领转向附庸。大学教育取向重“器”“技”,轻“信”“义”,积重难返,流弊甚深。例如,学生的学习取向是学所谓“有用”的专业,学最实惠、最能在短期内“见效”的专业;科学研究的评价导向是项目的数量、级别、经费、成果获奖的层次;就连对大学的评价也是可以量化和排名的,政府像管理行政机构一样来管理大学;等等。可见,古代书院宽松的讲学环境、自由的自学精神和灵活多样的办学方法,仍然值得我们在唤醒高等教育回归育人之本、学术研究回归学问之本、教育管理遵循教育规律的实践中借鉴和发扬。

三、崇尚“为己之学”之观念

“为己之学”即“学为己”之精神。提炼古代书院精神,大致可以归结为独立个性精神、学术自由精神、兼容并蓄精神等。其中,“学为己”精神是书院精神的核心。这种精神内化为主体的治学思想,就是我们通常所讲的“人本主义”思想,即受教育主体对自我灵魂的一种终极关怀。“学为己”的思想最早由孔子提出。《论语·宪问》说:“古之学者为己,今之学者为人。”由此可见,古代学者其学习目的集探求学问、修炼品性于一体,且二者没有薄厚偏废之差异,这样的教育才能使受教育者达到圣人、君子之境界。与古代学者相比,今天的大学教育观念,主体的学习观、学习动机等恐怕都有值得反思的地方。特别是一部分人治学的动机与目的是表现自己,取悦于人,以达功利目的,就更值得警惕了。不可否认,当代大学的办学与人才培养不可能与经济社会发展划清界限,更不可能倒退回“两耳不闻窗外事”的传统书院教育模式,只会越来越“入世”,但这并不能否定古代书院某些优良治学传统的当代价值。古代书院所倡导的“修”与“学”并重、“身”与“己”互训依然具有很高的“古为今用”之价值。由于现代大学学科专业发展十分先进,各学科专业依照自身特点,在教育教学中注重各种专门知识之传授、专业技能之训练无可厚非,但忽略对教育对象品性德行之陶冶、内在修为之教育,就使得现代大学严重“偏科”了。要培养全面发展的人,大学教育本身不能厚此薄彼、顾此失彼。既要根据学科专业特点,确立多元化的人才培养目标定位,不断更新教育教学内容与手段,强化对学生专业技能、素质的培养,同时又要将通识教育特别是人文主义教育有机融入专业教育,尤其要通过教学主渠道以外的载体、平台、阵地强化对学生的主体意识培养,使学生注重自我关怀、学会自我关怀,从而促进全人教育,培养德才兼备、知行统一的人。

综上所述,中国古代书院教育讲明义理,治学与修身并举。在治学取向上注重求实、创新,在治学风格上主张兼收并蓄、博采众长,师生关系和谐,彼此以道相交,学术风气宽松,等等。这些古代书院教育的优良传统对深化我国当代高等教育改革、创新人才培养模式、强化师德师风建设、完善现代大学内部治理等具有积极的启示与借鉴价值。

(《温州大学报》第 138 期,2014 年 5 月 15 日)

章志图，男，浙江平阳人，法律硕士，副教授，现为温州大学溯初学区党委副书记、副主任。曾先后主持和参与厅局级、省部级的各类学生思政研究项目，在《教育研究》等刊物上发表高校思政工作类论文，参与《社会主义核心价值观大学生读本》著作编写。教学方面，长期从事《大学生职业生涯规划》课程教学任务，多次获得大学生职业生涯规划大赛优秀指导师荣誉，获得浙江省优秀教育教学论文奖项。在个人职业生涯中，先后获得教师教育学院就业工作先进个人、温州大学“优秀教育工作者”、温州市“优秀志愿者”、浙江省教育系统“三育人”先进个人等荣誉。

加强学区文化建设　发挥环境育人作用

章志图

作为一名教育工作者，我很赞同明代思想家李贽的一句话："动人以言者，其感不深；动人以行者，其应必速。"意思是说，如果以言论去打动人，这样的感受不深；如果以行动去打动人，那么收效是非常迅速的。学区是思想政治工作机构，开展学生思想政治教育工作离不开"言"，但更重要的还是"行"。溯初学区重视文化建设，并从软件和硬件两个层面进行了积极而有效的探索，不但以"言"教育学生，更以"行"感化学生，努力营造宜学宜居的氛围。

一、打造有声有色的软文化

1.注重发挥学生的主体作用

学生既是学区工作的对象，又是学区工作的主体。面对四五千名大学生，学区只有 10 多名辅导员，如果不发挥学生的主体作用，又怎能顺利地完成工作呢？溯初学区贴近学生实际，在党建、学生干部培养、社团建设、学生志愿服务等方面做了大量工作，取得了可喜的成效，学生的主体作用得到不断提升。在此基础上，溯初学区积极探索能够发挥学生主体作用的新举措，如面向学生征集寝室导师工作创意、面向学生征求楼栋名称和学区之歌、邀请学生为楼名题字等，学生反响热烈。溯初学区还将从"温心工程"着手，加强与学生交流，挖掘学生创意，注重学生主体，促进学区工作。

2.充分发挥学区的主导作用

学区担任的是思政工作者的角色，要履行引导的职能，因而不能对学生的观点无原则地妥协，不能被某种言论牵着走。每个人经历不同，思想认识、心理状况、情绪状态也各不相同，对同一件事产生两种截然相反的看法很正常，这就需要学区发挥主导作用。例如溯初微舞台项目，很多学生踊跃报名、积极参与，评价也很高，项目还获得温州市十佳精品“青少年微舞台”称号。但是也有个别学生在微博上吐槽活动举办时声音太大，影响了学习、休息。如何处理类似的矛盾？我认为学区应当做具体分析，只要是符合大部分学生利益的，学区就应发挥主导作用，哪怕承受些压力也要把工作继续做好。

3. 让软文化影响更多学生

目前，软文化建设的主要受益者是学生党员和学生干部，这种现象有待改观。要使软文化建设保持长久生命力，应当要普及到更多学生。怎么普及？我认为可以适当开展些学生活动。对于开展学生活动，目前有几种不同的看法：一是放手让学生自己去办活动，老师不参加；二是认为办活动就要大投入、追求高、大、上，很多学生都持这种观点；三是学生活动要尽量少开展，没什么意义。我觉得以上观点都有可商榷之处：其一，不加指导的学生活动，往往会偏离我们党的教育方针；其二，大投入的活动，有铺张浪费之嫌；其三，从学生反映来看，毕业之后关于大学生活印象最深的是在校期间参加的活动。因此，适当地开展一些具有普及性的、参与面广的学生活动还是很有必要的，而辅导员则要对学生活动进行必要的指导和把关。

二、建设宜学宜居的硬环境

1. 加强楼栋文化建设

大学生文明寝室建设近年一直倍受上级教育行政部门重视。这项工作，需要有良好的楼栋文化的熏陶，楼栋文化建设对文明寝室建设具有导向性意义。溯初学区一直以来注重楼栋文化建设，公寓楼内的大厅、走廊、楼道等公共区域，都布置有文化标语、画作、绿植、休闲桌椅等。在溯源楼、溯曦楼等处更是进行了墙壁文化布置，将社会主义核心价值观、心理主题漫画、校史等素材上墙。学区还将协同其他部门、单位，进一步加强楼栋门厅文化建设及对楼栋内边角地带的开发利用等。

2. 建设必要的学习平台

建设宜学宜居学区的目标，宜学如何体现？尽管溯初学区建有校友书吧、溯初茶吧等，邀请校友、寝室导师和学生们谈学术、谈人生、谈生活，分享书里、书外的故事，但毕竟受众有限；尽管党员之家、会议室等场地平时都对学生开放，但还是供不应求。因此，建设学习平台，还有许多可为之处。例如，目前学区在建的学子礼堂，布置温馨，门口还悬有对联“千教万教教人求真，千学万学学做真人”，以提醒师生遵循教、学之道，建成后将成为学生业余学习的好去处；还比如待建的溯初晨读角，建成后相信能成为夏日晨读、冬日看书的好场所；对于学生希望拥有的楼栋自习室，相信也可以想办法解决。

3. 添置必要的文化景观

建设美丽学区，是学区师生的共同梦想。尽管学区的面貌在不断改善，但离美丽学区还有差距，学区也缺少代表性景观。学生多年后回想起在溯初学区生活的时光，恐怕难有印象深刻的景物。溯初学区是以捐资创办我校的黄溯初先生的名字命名的，又是文科学生聚集之地，应有与之相应的文化景观与文化气息。在溯初晨读角塑立黄溯初先生的铜像，在溯初中心广场建一组有学生文化活动气息的景观雕塑，都是提升学区文化品位、增强学区吸引力和学生归属感荣誉感的好举措，将有效体现学校的人文关怀、改善学区的居住环境，真正实现建设宜学宜居美丽学区的目标。

（《温州大学报》第 148 期，2014 年 12 月 30 日）

学区制背景下构建新型师生关系的实践探索

章志图

良好的师生关系是人才培养质量的保障。当前，因为高教园区的办学模式，教师与学生的空间距离拉大，也因为90后学生应用网络技能的成熟，学生主动联系教师的动力减弱，因此无论从教师层面还是学生层面而言，当前高校师生关系较20世纪八九十年代有所疏远。师生关系的淡化也引起了社会和高校管理层的关注，建立融洽、平等的新型师生关系是高等教育发展的必然要求。要建立这样一种新型师生关系，教师需要付出更多；要放得下身段，舍得掉矜持，主动走近学生，平等交流、深入沟通，只有这样才能赢得学生的认可，从而构建良性互动的师生关系。作为我校学区制改革的实施单位之一，溯初学区在这方面进行了一些探索。

1. 编印《寝室导师武功秘籍》，鼓励寝室导师走近学生

去年9月，学校推行寝室导师制作为学区制改革的重要配套制度。在寝室导师制实施之初，溯初学区便印制《寝室导师工作提示》卡片。但是经过近半年的运行，寝室导师的工作成效未能达到预期目标，一些教师走进寝室却不知该怎样与学生交流。这样的尴尬经历既使教师的信心受打击，也让学生产生了负担，导致教师的积极性和学生的主动性都受到挫伤。针对这种情况，溯初学区吸取部分优秀寝室导师的做法，多方听取学生的意见，制定了包含100条攻略的《寝室导师武功秘籍》，供寝室导师参考，对促进师生关系的进一步融洽起到了积极的作用。这份“武功秘籍”经由《光明日报》、《浙江日报》宣传，在兄弟院校产生了良好的影响。

2. 开展“寝室导师下午茶”活动，以教师人生经验启迪学生发展

寝室导师进宿舍谈心，有利于掌握其所联系的寝室在文化建设、卫生表现等方面的情况，但部分教师反映因宿舍局促的空间和电脑的干扰，师生双方难以放松心情、心无旁骛地进行交流。为此，学区开设氛围温馨、环境优雅的“谈心室”并全天候开放，供寝室导师随时使用。学区还从紧张的工作经费中拨出“寝室导师下午茶”活动专项经费，免费提供水果和茶水，为师生交流创建轻松氛围。许多寝室导师表示，在“谈心室”心情很放松，能与学生进行深入的交流，为学生的学习、生活、职业规划等答疑解惑。这样的谈心往往一谈就是一两个小时，师生反响很好。

3. 举办“校友书吧文化沙龙”，展示学者型教师的学术魅力

在我校众多寝室导师中，有相当一部分是曾出版过学术专著的专家型教师。虽然，按照学区制改革的思路，学生学业归学院管理、学生生活归学区管理，但有学生建议，“学术不应远离学区”。为了充分发挥专家型寝室导师的作用，溯初学区在学校 80 周年校庆前夕建立了“校友书吧”，收集学校老师和历届校友的专著和出版物，放在书吧里供学生随时阅读。为了增进学生对学术著作的理解，营造师生共同探讨学术的氛围，溯初学区还定期举办“校友书吧文化沙龙”，邀请专著的作者走进“校友书吧”，与学生交流自己撰写专著的书里书外的故事。“校友书吧文化沙龙”既让教师推荐了自己的学术成果，也增进了学生对教师的认识和尊崇，更在潜移默化中培养了学生对学术研究的兴趣。

4. 建设和开放“溯初厨房”，在师生互动中体现生活育人

生活教育是学区的主要任务之一，生活教育的重点是要把握学生的兴趣和关注点。当前大学生的生活基本上是“宿舍—食堂—教室”三点一线，他们渴望更丰富多彩的生活。如何避免大学生把课余时间都耗费在网络上？为此，溯初学区进行了有益的探索。学区创办了“溯初厨房”，让学生在课余时间以寝室为单位，下下厨、聚聚餐。学生们自己买菜，自己动手做饭，既有分工又有协作，从而有效促进了室友间关系的融洽。更主要的是，学区规定，学生在使用“溯初厨房”时，必须邀请寝室导师参与，许多学生为了能用上厨房，都想尽办法邀请寝室

导师一起进厨房,学生联系寝室导师的主动性大大增强。而在共同参与厨房活动中,寝室导师亲自动手,与学生一起炒菜、一起吃饭、一起洗碗,展示了教师“下得了厨房”的一面,使学生对教师有更为全面的认识和了解。而在充满生活情趣的厨房活动中,教师也无须刻意准备谈心内容,在随意的边吃边聊中,完成生活育人工作。

5. 引导学生感恩回馈,维护师生关系良性互动

良性师生互动关系的构建,既需要教师的主动付出,也需要学生的积极反馈。不论是对教师还是对学生而言,“剃头担子一头热”现象是难以构建良性师生互动关系的。在推进学区制改革的过程中,学区积极为寝室导师在课余时间主动接触学生创造条件,也非常注重引导学生感恩回报老师。在各节假日来临之际,积极组织各种活动邀请寝室导师参加。例如,冬至,组织学生邀请寝室导师一起煮汤圆、吃汤圆;端午节,鼓励学生邀请寝室导师一起包粽子,并为老师送上自己动手做的粽子;六一儿童节,引导学生组织“感恩寝室导师·回报导师子女”亲子游乐园活动。这些感恩回馈活动,既让寝室导师感到欣慰,也使学生在接受关爱的同时学会感恩,良性的师生互动关系在不知不觉中得以形成和巩固。

在构建寝室导师与学生的新型师生关系的同时,溯初学区自身也不断强化学生的主体性,例如学区组织的辅导员业务学习会,邀请学生共同参与;学区开设的微博平台,对学生反映的微博信息每信必回;学区的重大工作决策,坚持听取学生的意见……坚持以生为本的工作方式,对促进学区与学生之间形成互相信任、互相促进的良好师生关系起到了关键作用。

(《温州大学报》第125期,2013年9月15日)

麻法全,男,中共党员,1984 年生,现任党委组织部干部科副科长。先后承担厅局级课题 2 项,温州市大学生思政课题 1 项,校辅导员招标课题 1 项,参与浙江省高校党建研究会重点课题 2 项,校创业课题 1 项。厅局级课题有温州市文化研究工程课题《温州民营企业社会责任与慈善文化研究》和浙江省教育厅专项课题《网络德育工程实效性研究》,温州市大学生思想政治教育课题《网络德育工程建构原则及其实践研究——以网络新媒体博客和博客圈建设为例》。曾参加浙江省辅导员论坛获优秀论文二等奖 1 项,三等奖 2 项。

以生为先，以严为要，以实为本，确保我校教育实践活动取得实效

麻法全

正在全党深入开展的群众路线教育实践活动突出作风建设，是党的十八大做出的重大部署，是我党在新形势下坚持“党要管党、从严治党”的重大举措。在高校中要开展党的群众路线教育实践活动，需要结合高校办学实际，有的放矢，做到以生为先、以严为要和以实为本，确保教育实践活动与学校内涵式发展两不误、两促进。

一是教育实践活动要坚持以生为先。教育部提出要以“办人民满意的教育”作为此次教育战线党的群众路线教育实践活动的主题。8 月 14 日至 15 日举办的全省高校党委书记、校长读书会上，省委书记夏宝龙同志又进一步明确各高校要始终坚定政治意识、政权意识和阵地意识，牢牢把握社会主义办学方向，时刻强化为党和国家培养合格建设者和可靠接班人的意识和责任。因此，高校开展教育实践活动应该围绕“办什么样的大学、如何办好这样的大学”和“高校培养什么样的人，如何培养好人才”的主题，以生为先，认真查找“教室里的问题、研究室实验室里的问题、办公室里的问题，特别是书记室、校长室里的问题”，认真思考“如何培养好的学生”“如何办好人民满意的教育”等问题。

二是教育实践活动要坚持以严为要。习近平总书记在河北调研时强调：“教育实践活动自始至终要有严的标准、严的措施、严的纪律。”并指出各单位都要本着“发现问题是成绩、解决问题是能力、找不到问题是最大的问题”的态度，以整风精神查摆问题。只有坚持“严”字当头，才能确保活动不虚、不空、不偏、不走过场，取得令群众满意的效果。教育实践活动开展以来，中央和省委一再强调要从

严把关。切实做到思想认识上不去的不放过、查摆问题不聚焦的不放过、自我剖析不深刻的不放过、整改措施不到位的不放过、群众不满意的不放过。教育实践活动过程都要落实“照镜子、正衣冠、洗洗澡、治治病”的总要求，认真画好像、开好会，真正对作风之弊、行为之垢来一次大排查、大检修、大扫除。

三是教育实践活动要坚持以实为本。教育实践活动以为民、务实、清廉为内容，更要以实为本。此次教育实践活动不分阶段、不搞转段，就是要各单位结合实际把3个环节的要求贯通起来、衔接起来，贯穿于教育实践活动全过程。中央和省委要求，哪个环节不到位的该“补课”的就要“补课”，该“回炉”的必须“回炉”，扎实做好各环节，求实效、不走样。教育实践活动开展以来，省委书记夏宝龙同志连续3次“暗访式”走访，不事先通知、不预设路线、不层层陪同，直接进村入户访真情、听真话。这就是要各级领导干部真正把身子沉下去，把心扉打开来，结穷亲、交真心、听真话、办实事。教育实践活动也只有坚持以实为本，让人看到诚意，看到实效，才会感到满意。

党的群众路线教育实践活动就是要思考“为了谁、依靠谁、我是谁”问题，坚持群众立场、培养群众感情、用好群众方法，把教育实践活动问计于群众，让群众来评判教育实践活动搞得好不好，问题抓得准不准，整改落实到不到位。

（《温州大学报》第126期，2013年9月30日）

嵇小怡，中共党员，2006—2015 年间任温州大学教师教育学院党总支副书记，现任瓯江学院党委副书记。曾获得校优秀党员、市优秀党务工作者、市党员之星荣誉称号。

“师范气质”是未来好教师的基石

嵇小怡

从“师范教育”到“教师教育”并不是概念的简单替换，而是未来教师培养内涵的更加丰富，目标的更加深远。随着教育内外部环境的深刻变化，传统“师范教育”及以此为指导建构的人才培养模式越来越呈现出不合理、欠科学等弊端。

与其他职业相比，教师有其独特的职业要求。师范生的培养是教师队伍建设的源头，具备怎样特质的师范生能胜任未来教师的岗位？培养怎样的师范生合乎现代教育的要求？怎样培养师范生才能达到理想的目标？这些问题都是师范人才培养过程中亟待解决的。

近年来，我校教师教育学院在如何培养师范人才方面做了一些探讨与实践，提出通过“博爱雅艺”四个维度培养“有理想信念、有道德情操、有扎实知识、有仁爱之心”的具有“师范气质”的师范生。学院在观照现实问题的过程中，一定程度上实现了教育理念新的拓展。

“师范气质”的培育是教师特质的诉求。教育不是简单地教会学生掌握已有的知识，而是促进学生的精神成长，使学生成为品德优秀、精神强大、具备幸福生活能力的现代人。在教育过程中，教师工作的“示范性”和学生所特有的“向师性”，使教师所呈现出来的教学方法和师生互动方式等都能潜移默化地传递给学生，对学生产生某种潜在价值的影响。这种渗透的结果与教师自身拥有的素养有着密切的关系。

现今，我们的教育经常出现问题，“不完整学生”的存在和“教育变异”的现象时有发生，一部分原因就在于对未来教师的培养没有按照应有的“胚胎塑造”，使教师还只是充当知识传授的工具,学生没有在教师身上潜移默化地吸收到“人的模样”的营养。要让学生成为完整的人,教师首先必须是完整的人。“师范气质”的提出,就是对教师成为完整的人的要求之体现。

“师范气质”的培育是时代的呼唤。师范生的培养模式是师范专业知识的传授和为期短暂的师范实习,毕业后直接担任教师。“教师胚”的打造从根源上并不符合真正意义上的规格。不少师范生毕业后在教育岗位上开展工作感到明显吃力,吃力在缺乏教师真正的涵养上。教师没法以自己应有的素养影响学生,她只是教学的“工匠”,而不能以成熟的教师风范熏陶学生。

“师范气质”概念的提出是培养师范生的价值从工具理性向价值理性的转换,使师范生的培养目标从未来知识传授的教书匠向未来教育家的转换。具有“师范气质”的师范生在素养上已经形成了内心本真的深处寻绎,当他们成为真正的教师时,也就自然具有了自我发展的自觉。

(《温州大学报》第 159 期,2015 年 10 月 15 日)

潘玉驹，男，1972 年 2 月生，教育学硕士、教授，温州市"551"人才、思想政治教育硕士生导师，现为温州大学党委委员、宣传部长。长期从事大学生思想政治教育工作，主持教育部人文社科项目、浙江省社科重点项目各 1 项，厅局级及其他项目近 10 项，获得厅局级科研成果奖 3 项。出版著作 1 部，在《中国高教研究》《高等工程教育研究》《教育发展研究》等刊物发表论文 20 余篇。

甘当学生　善当先生

——新时期网络舆论的应对之道

潘玉驹

近来，我校图书馆厕所改造工程、学生宿舍热水器更换项目，遭到网民的围观、质疑，反映出广大师生自主意识的增强和主动参与学校管理积极性的提高，凸显出我们在校务公开、网络舆论应对方面尚存在的短板，当引起我们的深思。

新温州大学成立5年来，学校党委始终坚持问政于民、问需于民、问计于民、真诚倾听师生呼声，真实反映师生愿望，真情关心师生疾苦，依法保障师生的合法权益。通过健全教代会、工会民主管理制度，民主党派参政议政制度，团员、学生代表大会制度，校务公开制度，校情通报、情况反映和重大决策征求意见制度，等等，开通校务信箱，鼓励和支持广大师生参与学校民主决策、民主管理、民主监督。与此同时，学校党委千方百计、最大限度地满足广大师生合理需求，切实帮助师生解决学习生活困难。学校各项事业取得长足进步，综合实力稳居全省同类院校前列，全校上下“劲足、气顺、心齐、人和”。

然而，在当前世情、国情、党情、校情发生深刻变化，师生思想观念渐趋复杂、价值观念更趋多元、利益诉求更加迫切、维权意识日益增强、政治参与性空前提高的背景下，学校制定的任何一项政策、制度，几乎都牵涉到师生的切身利益，不可能得到全体师生的一致称好。现实中的诸多问题、情绪、诉求、愿景都会通过网络反映出来，并不可避免地被互联网转发、翻炒、加热、渲染、放大，若再加上好事者、别有用心者的推波助澜，就有可能在短时期内演变为强大的网络舆论潮。如果处置不当，这种情绪必将生发成具有破坏性的社会行为，影响到学校的稳定与和谐。如何处理好网络环境下的公共危机事件，成为考验学校管理者能力、智慧、水平的一道必答题，窃以为“甘当学生，善当先生”尤其重要。

“甘当学生”，就是要树立群众观点，站稳群众立场，眼睛向下看，身子向下弯，工作向下沉，感情向下移，与师生打成一片，听得进不同意见，拜师生为师，向师生学习，将网络沟通作为了解民情、采集民意、汇聚民智的工作场，作为联系群众的直通车，成为促进学校决策透明化、公开化的推进器。借助网络“甘当学生”，实际上是扩大了学校管理的主体，体现了民主精神和与时俱进的精神。一方面，广大师生生活在最基层，最了解现实，最了解实际，在他们中有许许多多个“诸葛亮”，保障他们的知情权、参与权、表达权、监督权，有助于学校管理者汲取师生智慧、发现工作不足、修正决策与行为，以减少决策失误的发生。另一方面，它有力地推动管理者与普通师生的互动，有助于形成一个与学校功能互补的合作协同机制，在互动中，增进了解、消除误解、加深理解、达成共解，减少非理性观点、言论和行为的发生，形成良好的社会心态和学校氛围。同时，借助网络“甘当学生”，可以使师生识别与化解各类疑惑，理顺师生情绪，发挥其作为情绪减压阀的社会功用，形成各种矛盾的协调机制，推动学校科学发展。

“善当先生”，就是要改变“不理、不管、封加堵”的思维模式，第一时间发出声音，解释学校政策，满足广大师生、社会公众的知情权，澄清事实真相并做好信息沟通工作，及时纠正错误、虚假或有失偏颇的网络信息，对师生给予适当的引导与教育，取得舆论主动权。借助网络“善当先生”，就是要在“黄金 4 小时”内站出来“说话”，第一时间抢占舆论制高点，做突发事件的“第一定义者”；就是要速报事实，慎报原因，公开透明，既不要失语，也不要妄语，而是把查明的真实情况毫无保留地告知公众，说明事实、澄清真相，让谣言止于真相，引导师生甄别真伪、明辨良莠；就是要不断“播报”，根据危机事件的复杂程度，不断告诉网民学校在做什么，事情有了什么样的新进展，以及调查处理结果，以稳定情绪、消弭热点；就是要勇于承担责任、尽快稀释危机的负面效应，有错误就道歉，有误解就澄清，对群众的合理意见就接受，办不到的就解释，不合理的就教育；就是要善于运用“切割战术”，对于个人问题，要第一时间与具体责任人“切割”，而不要把个人的责任、问题和整个学校、组织联系在一起；就是要把舆论应对与解决问题结合起来，反思工作中存在的问题与漏洞，举一反三，将师生期待、信任和鞭策化作推进工作优化、事业发展的营养和力量。

而对于广大网民来讲，则要清醒地认识到，网络是一把双刃剑，吸附在网络上的大量碎片信息，具有泥沙俱下、鱼龙混杂的特点，有的甚至是别有用心的"策划"。因而，大家应当增强鉴别力，争做理性公民，多些"围观"，少些"围攻"，谨慎"责难"，承担起社会责任，尤其不能发生泄露国家机密、造谣诽谤他人、侵犯他人隐私、恶意人身攻击等行为，以维护法律的尊严、维护他人的合法权益、维护来之不易的安定团结的好局面。

网络正在改变着人们的生活方式，也必将推动着学校管理理念、管理方式、管理手段的转型。善待网民、回应关切、引导舆情是推进事业改革、促进校园和谐、实现科学发展的重要基础和题中之意，当成为学校各级领导干部日常工作的有机组成部分。

（《温州大学报》第93期，2011年9月30日）

让雷锋精神永驻校园

潘玉驹

51年前,毛泽东等老一辈无产阶级革命家发出“向雷锋同志学习”的号召。从此,“雷锋”成了家喻户晓的响亮名字,雷锋精神成了中华民族的宝贵财富,3月5日成为我们国家具有纪念意义的日子。

雷锋精神诞生于50年前。50年来,人们对雷锋精神的理解越来越具有时代的特色,但雷锋精神的基本内涵却始终没有变。50年来,雷锋精神始终在中华大地代代传承,感染并激励着一代又一代的中华儿女。但作为新时代的大学生,个人以为,我们学习雷锋精神,最为重要的是要学习雷锋同志的一个信念和四种精神。

一个信念,即爱党、爱国、爱家乡、爱人民的崇高理想与坚定信念。母校温州大学至今已经走过了81年艰辛的办学历程。也许有人会问:温州大学是怎么诞生的?为什么能从昔日的小学堂发展成为如今的综合性大学?这其中凝结着一代又一代温大人的心血与汗水,但在我看来,更为重要的是她得到了党和政府的高度重视,得到了一大批雷锋式的爱国、爱乡人士的无私奉献和热情支持。追忆往昔,一个个事关学校存亡、发展的大事件,当令我们牢牢铭记:1933年,在国难当头、内忧外患的民族危难之时,祈求“教育救国”的先贤黄溯初先生倾其所有,捐资设立省立温州师范学校,开启了母校的办学源头。1984年,被列为全国14个沿海开放城市之一的温州,渴望能兴办一所为地方经济社会服务的应用型大学,但遗憾的是办学资金没有着落。怎么办?温籍的海外侨胞、港澳台同胞和全体温州人民纷纷行动起来,有钱出钱,有力出力,喊出了一句震耳欲聋的口号:“少吃一顿饭,认购三元券,捐资建温大。”为了捐资建校,有的市民变卖了自己收藏多年的作品，有的市民写下了“终身认捐书”，苍南一个瑞岩寺的住持，拿出积攒了一辈子的6000元钱。2006年，新温州大学成立以后，温州的10多位企业家得知我校还有一部分家庭十分困难的学生，又再一次慷慨解囊，捐出1000万元设立社会助学基金。这样的感人事迹还有许许多多，举不胜举。没有一个个“活雷锋”的支持、没有党和政府的重视，哪有温州大学？哪有学校的今天？

与此同时，在接受一个个“活雷锋”关爱支持的同时，80多年来，一代又一代的温大人也始终秉承着“光大国族，造福人群”的理想抱负，将服务群众、奉献自我作为毕生追求。1940年，在那个血雨腥风的年代里，学校成立了第一个地下党支部，高举革命的伟大旗帜。1949年，新中国成立前夕，校友曾联松先生兴奋得夜不能寐，几经易稿，设计了中华人民共和国国旗，为新中国献上了一份厚礼。1953年，学校200多名毕业生放弃城市生活，主动奔赴祖国边疆参加石油勘探。1991年，数学学院的志愿者走进敬老院，自觉承担起关爱老人的行动。这项活动至今已经坚持了22年，尽管同学们换了一批又一批，但爱心的传递却永远没有停止过。法政学院的“关爱留守儿童”志愿者活动、瓯江学院的“挽袖行动”献血俱乐部、教师教育学院的“知心姐姐”、城市学院的“爱心专列号”，以及近年来一大批毕业生走向田间地头志愿参加的“两项计划”。无论是台风来临之时，还是“7·23”动车事故救援现场，都留下了温大人忙碌的身影。这样的感人事迹也有许许多多，举不胜举。正是这样的行动，既传承着雷锋精神，也展现着温大人爱国、爱党、爱家乡、爱人民的良好形象，赢得了老百姓的好口碑。

四种精神，即服务人民、助人为乐的奉献精神，敢为人先、敢想敢试的创新精神，求学问是、刻苦钻研的“螺丝钉”精神，艰苦奋斗、勤俭节约的创业精神。事实上，每一个人，在日常生活中总会遇到一些不如意，心情烦躁时希望得到他人的宽慰，学习困难时希望得到他人的指点，生活上遭遇不幸时希望得到他人的帮助；每一个人，在求学钻研过程中，也总会遇到一个个的艰难险阻，总会面临这样那样的外部诱惑与内部压力；每一个人，在工作奋斗过程中，总会面临许许多多的机遇，也必将面临许许多多的挑战。树立助人为乐的奉献精神、刻苦钻研的“钉子”精神、爱岗敬业的“螺丝钉”精神、艰苦奋斗的创业精神，从小事做起、从身边的事做起，勤奋学习，刻苦钻研，干一行爱一行，把简单的事情做好，把平凡的事做得不平凡，就一定能赢得他人的掌声，一定能成为一个大写的人，一定能为自己的绚丽人生打下坚实基础。相反地，如若事不关己、高高挂起，自私自利，不思进取、得过且过，好高骛远、眼高手低，大事做不了，小事不愿做，又怎能成就一番大业，怎能铸就辉煌的人生？这“四种精神”，是雷锋同志身上闪现的煦煦光辉，又难道不是新时期优秀人才应有的基本品质吗？

在又一个“雷锋月”来临之际，学校希望广大师生迅速行动起来，积极投身各项志愿活动。生命之花，如果与时代的崇高与责任联系起来，就会永远绽放；人生之路，如果与不懈的努力与奋斗联系起来，就会结出硕果。雷锋如此，我们也应如此。让我们接过雷锋的火炬，传承学校的传统，沿着雷锋成长的道路和一代代温大人的铿锵誓言坚定地走下去，让文明之花开遍校园，让雷锋之歌响彻春天，让大爱温大传遍大江南北，让雷锋精神外化于行、内化于心、固化为制。

（《温州大学报》第 134 期，2014 年 3 月 15 日）

薛伟，江苏张家港人，1961 年 5 月出生，工学博士，教授，博士研究生导师，副校长、党委委员，享受国务院政府特殊津贴专家，中国工业工程专家，浙江省“十二五”重大科技专项和成果转化工程咨询专家。长期致力于机械制造工程及自动化等方面的教学与研究工作，主持国家级项目 2 项、省科技重大项目 1 项、省级一般项目 4 项，并参与国家、省级科研项目 10 多项，获省级科学技术奖一等奖 2 项、三等奖 2 项，授权发明专利 4 项，发表学术论文百余篇，其中被 SCI、EI 收录的学术论文 30 余篇。

立德树人是学校一切工作的出发点和落脚点

薛　伟

党的十八大报告指出："坚持教育为社会主义现代化建设服务、为人民服务，把立德树人作为教育的根本任务，培养德智体美全面发展的社会主义建设者和接班人。""培养什么人、怎样培养人"是事关党和国家前途命运的重大问题，也是我国社会主义教育事业发展必须解决好的根本问题。把立德树人作为教育的根本任务，是教育的本质要求和根本使命，指明了今后教育改革发展的方向。

一、何为"立德树人"

《左传·襄公二十四年》载有："太上有立德，其次有立功，其次有立言，虽久不废，此之谓不朽。""立德"即为我国古代所谓三不朽之首，即建立德业，高于建功立业，更高于著书立说。把"立德"摆在第一位，是因为万事从做人开始，道德之于个人、之于社会都具有基础性意义。

"树人"出自于《管子·权修》："一年之计，莫如树谷；十年之计，莫如树木；终身之计，莫如树人。"强调了培育人才是长远之计，需要历经漫长岁月的考验。

将"立德"与"树人"合并使用，体现两者在概念上的密切关联和实践中的不可或分。离开"立德"去"树人"，就会偏离方向，"树"不好"人"；而离开"树人"讲"立德"，就会苍白空洞，"立"不好"德"。"立德"摆在"树人"之前，表明做人是建功立业的基础，"树人"必先"立德"，育人必先育德，成才必先成人。

立德树人，简言之：以德为先，培育人才。即教育事业不仅要传授知识、培养能力，还要把社会主义核心价值体系融入国民教育体系之中，培养具有中华文化底蕴、中国特色社会主义共同理想和国际视野的社会主义建设者和接班人。它作为教育的根本任务，必然关注人的全程发展、全面发展、和谐发展、持续发展和终身发展。立德树人突出“德”在人的全面发展教育中的突出地位，科学地阐释了道德发展与人的全面发展的辩证关系。

二、何以“立德树人”

习近平总书记在全国第二十三次高等学校党的建设工作会议中指出，办好中国特色社会主义大学，要坚持立德树人，把培育和践行社会主义核心价值观融入教书育人全过程；强化思想引领，牢牢把握高校意识形态工作领导权。高等教育作为国家高素质人才培养的主要平台，已经成为决定一个国家在国际上综合竞争力的关键因素。突出强调立德树人，培养德才兼备的高素质专业人才，不仅是实施科教兴国战略和人才强国战略的关键，也是实现中华民族伟大复兴的重要保障。

（一）立德树人必以立德为先

德是做人的根本，是一个人成长的根基。当前我们的教育正在遭遇多元文化、多元价值观的挑战。社会各种思潮通过各种信息媒体向青年大学生奔涌而来。如果我们不能用正确的人生观、世界观、价值观加以引导，学生就可能会迷失方向，走入歧途。可以说，加强道德教育是时代的要求，也是当前形势的迫切要求。学校德育是全体教师的事，不只是教育教学工作的事，也是学校管理的事。所以，要做到教书育人、管理育人、环境育人，使学校的一人一事、一草一木都能提升学生的品质，熏陶学生的情操。

重视道德的认知教育。要把社会主义核心价值体系融入教育全过程，把弘扬以爱国主义为核心的民族精神和以改革创新为核心的时代精神作为重要内容，引导和教育学生自觉践行社会主义核心价值体系。要将立德树人的根本任务贯穿于课程改革中，把党的教育方针和素质教育的有关要求具体化和细化到课程改革的各个环节中，尤其要围绕高校思想政治理论课是大学生思想政治教育主渠道、主阵地这一定位，努力将其建成大学生真心喜爱、终身受益的课程。

增强立德的自我意识。道德的养成是外化与内化的统一。外化包括学生从学校教育、家庭教育、社会教育等接收到外部的学习和生活信息，强化学生的认知和道德水平，使学生学会待人接物，增强社会责任感等；内化是指道德教育由被动地接收外部信息转化为自身需要，是自身的吸收、学习、转化的过程，由外化转化为内化的过程也就是学生自我立德的过程。认真发掘学科中所蕴含的健全人格教育资源，将显性教育与隐性教育结合起来，使学生在获取知识的同时，得到人格的滋养与涵育，把个体发展从知识层面提升到生命发展层次。

发挥文化的渗透功能。将立德树人贯穿于校园文化建设中，利用重要仪式、重要节庆日等契机，开展爱国主义、民族传统、礼仪礼节等特色主题教育活动，积极营造培育和践行社会主义核心价值观的浓厚校园文化氛围。要高度重视对学生的人文关怀，充分发挥严谨的作风、高尚的师风、良好的学风校风、和谐的师生关系、深厚的爱校情怀等的渗透教育功能，为培育学生健全人格提供良好氛围。

（二）立德树人必以育人为要

人的全面发展是人类的崇高追求。教育作为实现人的全面发展的重要途径，要把促进人的全面发展、适应社会需要作为衡量人才培养质量的根本标准。在坚持德育为先的同时，全面促进德育、智育、体育、美育有机融合，着力提高学生服务国家人民的社会责任感、勇于探索的创新精神和善于解决问题的实践能力，关注学生的全面发展和成长。

牢固人才培养的中心地位。育人是大学的根本任务。要正确处理好规模与质量、发展与投入、教学与科研、改革与建设的关系，形成领导重视教学、教师热爱教学、政策倾斜教学、经费优先教学、科研促进教学、管理服务教学、后勤保障教学、舆论导向教学、各方面力量围绕教学的战略思想与战略举措。

创新人才培养的模式改革。要以提高人才培养质量为核心，以体系合理、内容先进为要求，合理构建学生的知识结构体系。实施多元化人才培养模式，注重学思结合,注重知行统一,注重因材施教,发展学生的优势潜能。积极推进以探究问题、启迪思维、师生互动为基本特征的研究型教学模式,引导学生主动学习、主动思考和主动实践,自主发现、分析和解决问题。强化实践教学环节,推进理论教学与社会实践密切结合。

促进教学科研的互为支撑。在推进学科建设、勇攀科学高峰的同时,要正确处理好学科与专业建设、教学与科学研究的辩证关系,重视和强调学科发展对专业建设、科研对教学的反哺与促进作用。切实推进教学与科研的密切结合,及时将新知识、新理论和新技术充实到教学内容中,更好地服务于人才培养。支持学生参与科学研究,促进教学与科研互动,加强创新型人才培养。

优化教育管理的服务工作。人才培养质量的高低,既受制于教育教学水平的高低,也受制于学校师生教育管理服务工作的优化与否。全校各单位要围绕制约学生成才的突出问题,齐抓共管、标本兼治、常抓不懈;管理服务一线的教职员工应自觉确立起为教学服务、为师生服务、为人才培养服务的思想,善于倾听师生呼声,尊重师生感情,想师生之所想,急师生之所急,办师生之所需,为人才培养工作提供坚实保障。

(三)立德树人必以立师为基

"学高为师,身正为范",知识或可言传,德行需得身教。习近平总书记指出:"合格的老师首先应该是道德上的合格者,好老师首先应该是以德施教、以德立身的楷模。"师之德,教之魂。教师为烛,师德为光,光照人间,将会照亮一代又一代学子通向未来、实现梦想的希望之路。不断提高师德水平,树立良好师风,是立德树人的关键。

要有忠诚的职业德行。忠诚的职业德行是教师立职之基,有忠诚才有自觉,有忠诚才有敬畏,有忠诚才有动力。要成为一名有理想信念、有道德情操、有扎实学识、有仁爱之心的让党和人民满意的教师,必须树立崇高的职业理想和坚定的职业信念,爱岗敬业,把教书育人作为毕生从事的事业来看待。如此才能产生根植于内心的职业敬畏,产生持之以恒的职业动力,教师的精神和心灵就会充实和自信,就愿意倾注自己的全部精力和满腔热情,静下心来教书,潜下心来育人。

应自觉加强师德修养。立德方能正己,正己才能律人。作为学生现实生活中践行道德规范的鲜活坐标,教师应该自觉加强师德修养,力行师德规范,保持高尚情操,保持本色不变,以自己良好的思想道德风范引导和帮助学生树立正确的世界观、人生观、价值观,扣好人生的第一粒扣子。另一方面,还要涵养"渊博学高"的人格魅力,紧跟教育发展的需要,紧贴学生成长的需求,勤学、善学、博学,掌握各种新理论、新知识、新技能,用丰厚的知识储备自强其身,以广博的学识魅力感染学生,在潜移默化中为师为范。

要健全评价监督机制。把师德师风建设工作纳入学校、学院年度工作计划,摆在各学院建设发展的首要位置,融入学院教学、学科、科研建设全过程,贯穿于教师职前培养、准入、职后培训和管理全过程。把师德师风状况作为研究生导师、辅导员、班主任遴选评聘的首要标准,在新教师招聘录用、人才引进和外籍教师选聘中强化思想素质和职业道德考察。完善师德考核办法,将考核结果存入教师档案,考核不合格者年度考核评定为不合格,并在教师职务(职称)评审、岗位聘用、人才选拔以及各类评优评先等环节,实行一票否决制。

要加强典型宣传和激励。要加大优秀教师宣传力度,努力营造崇尚师德、争创师德典型的良好氛围。把培育良好师德师风作为校园文化建设的核心内容,挖掘、提炼学校名师的大爱师魂。校内电视台、广播站、报纸、网站和官方微博、微信要实现师德典型宣传常态化,努力营造崇尚师德、争创师德典型的良好氛围。要采取更加有力的措施维护教师权益,改善教师待遇,关心教师身心健康,为教师立德树人创造良好条件,使教师真正成为最受社会尊重的职业。

温州大学在悠久的办学历程中,尤其是新温州大学成立九年以来,学校始终坚持创新为源、特色为流、学生为本的发展思路,同心同德、开拓进取、求真务实、锐意改革,学校办学综合实力明显增强,人才培养质量稳步提高,先后取得国家级教学成果奖、国家级特色专业、国家级虚拟实验教学中心、国家级精品课程等在内的多项"国字号"教学成果的突破,"创业教育"和"教师教育"人才培养特色鲜明,毕业生就业率和就业质量稳步提高。但平心而论,当前我校人才培养的质量状况与党和国家的要求、与学校宏伟的发展蓝图、与兄弟院校快速的发展势头、与学生家长和社会的期盼相比仍有较大差距。

站在新的历史起点上，我们要紧紧围绕人才培养这项根本任务，把立德树人作为学校一切工作的出发点和落脚点，以培养德智体美全面发展，具有创新精神、创业能力和社会责任感的高级应用型人才为目标，着力推进学校由外延式发展向内涵式发展转型，切实提升人才培养质量，为建设具有鲜明地域特色、国内知名的教学研究型大学的目标奠定坚实的基础。

（《温州大学报》第161期，2015年11月15日）

共话人才培养质量　献计学校科学发展

许美园　徐筱茹　章　萍　朱春燕　张　莹　王佳丽
整理

学校将2012年确定为“人才培养质量年”，我校师生对此反响热烈。日前，本报记者采访了部分教师和学生，大家纷纷就学校的人才培养工作提出自己的见解。

人文学院教师　周剑平：

学风和教风建设是学校发展的两大主题。而作为教学主体，教师与学生的互动极为关键。针对现在大学校园里部分学生生活散漫、学习拖沓的现象，不仅要从学生方面来抓风气，教师也要担负起一定的责任。教师不仅要在课堂上组织好教学，课前、课后还要给学生相应的辅导帮助，在学科学习方面和未来发展方面，教师都要发挥“引路人”的作用。同时，学校也要适时地对教师的教学做出相应的评估。

教师教育学院教师　蔡志凌：

我认为提高人才培养质量，可以从两个方面入手：一是改变教学方法。我们可以借鉴国外高校的教学经验，给学生自主学习的空间，学生也不能过多依赖老师，要学会主动学习。二是保证教学质量。部分高校教师过于注重科研，在教学方面的投入相对较少。应处理好教学和科研的关系，使科研成果更好地服务于人才培养。

法政学院教师　吴玉宗：

提高人才培养质量，一方面要注重基础理论的教学，丰富学生的理论知识，提高学生理论分析的能力；另一方面要在教学中注意启发学生思考问题，引导学生分析问题。另外还要培养学生处理人际关系的能力。

教师教育学院教师　林炎琴：

我主要从教师的角度谈一下：首先，在注重个人教学风格的同时，要加强教师基本规范的执行。其次，在对教师进行评价时，建议把教师的科研成果和指导学生的成果结合起来。再者，教师之间要加强团队合作，互相交流，共同探讨。我提议高校教师要深入基层，注重实践性研究。

数学与信息科学学院教师　王幼斌：

提高教学质量，需要一批爱岗敬业、精通业务、不计个人名利、在教学一线辛勤耕耘的教师，需要学校为这些默默奉献的教师营造宽松的发展环境。同时，学生要树立积极向上的人生观和价值观，摒弃干扰，潜心学习，合理规划自己的未来。总之，只有学生爱学、教师爱教，才能达到提高教学质量的目的。

外国语学院教师　陈云舟：

大学培养人才是为了满足社会的需求，为此，学校在制定人才培养目标时既要考虑通识教育，又要注重特色教育，其核心要体现相对的稳定，同时在内容上可以拓展，体现时代特征。

人才培养质量提高的关键在于教师队伍建设。学校为教师创造良好的育人环境，在教师的引进、培育、待遇、奖励等方面建立长效机制的同时，最重要的是要像关注学生思想动态一样关注教师的思想。另一方面，我们要提高课堂教学效率，向课堂要质量，并且追求大学生思想政治教育效果最大化，向管理要质量。

人文学院学生　吴芬芬：

我认为高校人才的培养，教师教学水平的提高固然重要，课程设置的合理也极为关键，比如非师范类的汉语言文学专业，课程涉及新闻方向、教育方向以及文秘方向，虽学得广，却学不深入，颇有些泛泛而谈的意味。另外，我觉得一个人能否成为有用之才，关键在于自身的努力。因此，我们学生不仅要有较强的接受新知识的能力，更要培养自身的自学能力，在学习中不断进步。

教师教育学院学生　施群洁：

提高人才培养质量反映了当代大学生立足社会、发展自身的实际要求。由于每个人自身的优势、兴趣等的不同，学校在确定人才培养的目标和方案时，应考虑到学生的自身特点和专业特点。同时应当注重对学生自我管理、自我教育能力的培养，在传授专业知识技能的同时“授之以渔”，使学生受益终身。

（《温州大学报》第100期，2012年2月29日）

后　记

党的十八大报告明确把“创新人才培养水平明显提高”作为全面建成小康社会的重要目标，把“立德树人”作为教育的根本任务，反映出新世纪新阶段党对教育工作的新要求。人才培养质量明显提高，既需要党和政府的高度重视、社会各界的大力支持，更需要广大教师的高尚师德、良好师风与精湛师能。

本书对“十二五”期间我校部分教师在《温州大学报》上发表的关于教育教学的言论进行汇编，旨在以新颖独到的观点、意蕴丰厚的言论、生动典型的案例，引领广大教师切实增强教书育人意识、深入推进教育教学改革，自觉担负起培养社会主义合格建设者、可靠接班人的光荣使命。

书中言论文章，涉及教育理念、教学探索、育人心得、师德风尚等诸多方面，在文章后面我们注明了校报期数和发表时间。除对原作的个别字句稍作修改外，基本保持原貌。文章的先后顺序按作者的姓氏笔画编排。在此，我们对入选本书文章的作者表示诚挚的谢意。

需要说明的是，“十二五”期间，我校教师关于教育教学研究的论述还有很多，在编者有限的时间和搜索范围内，尤难周全缜密，难免挂一漏万，对于其中的不足或失当，敬请大家指正和谅解。

编　者

2015 年 11 月